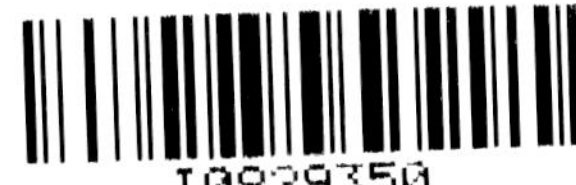

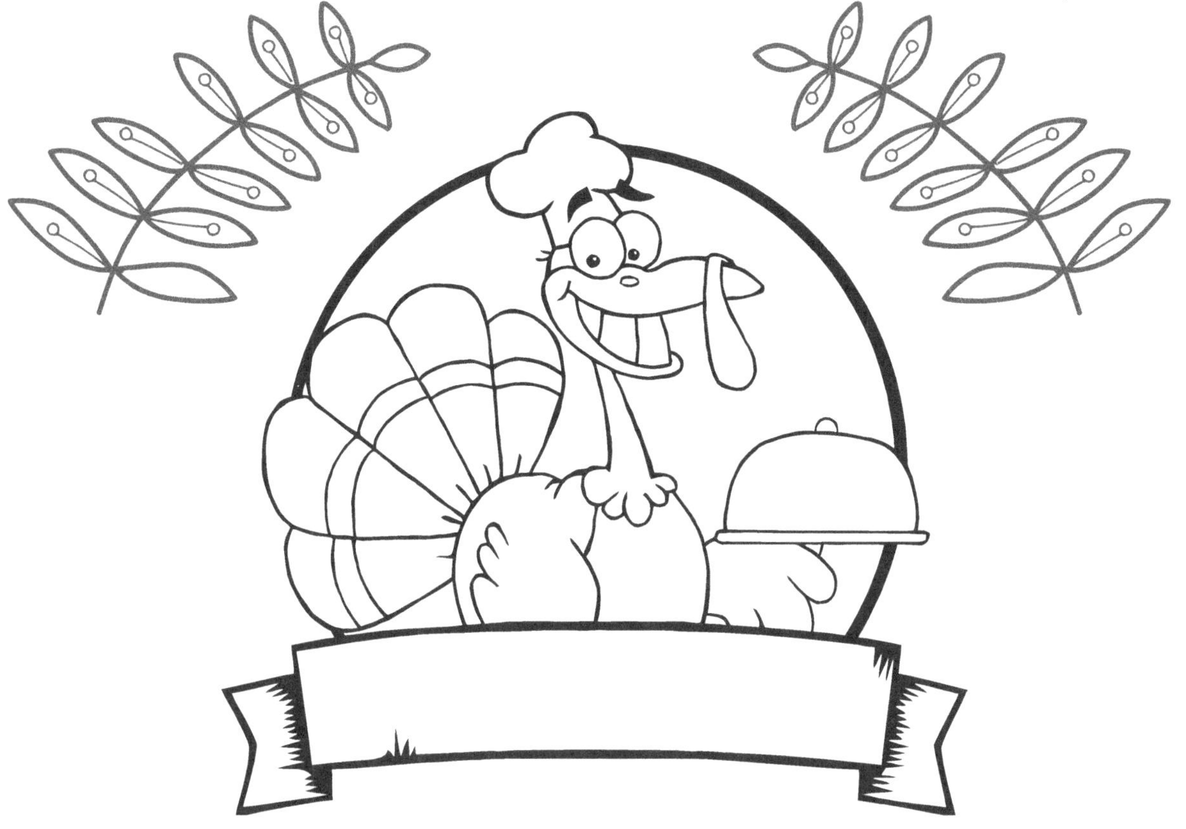

THIS BOOK BELONGS TO

____

____

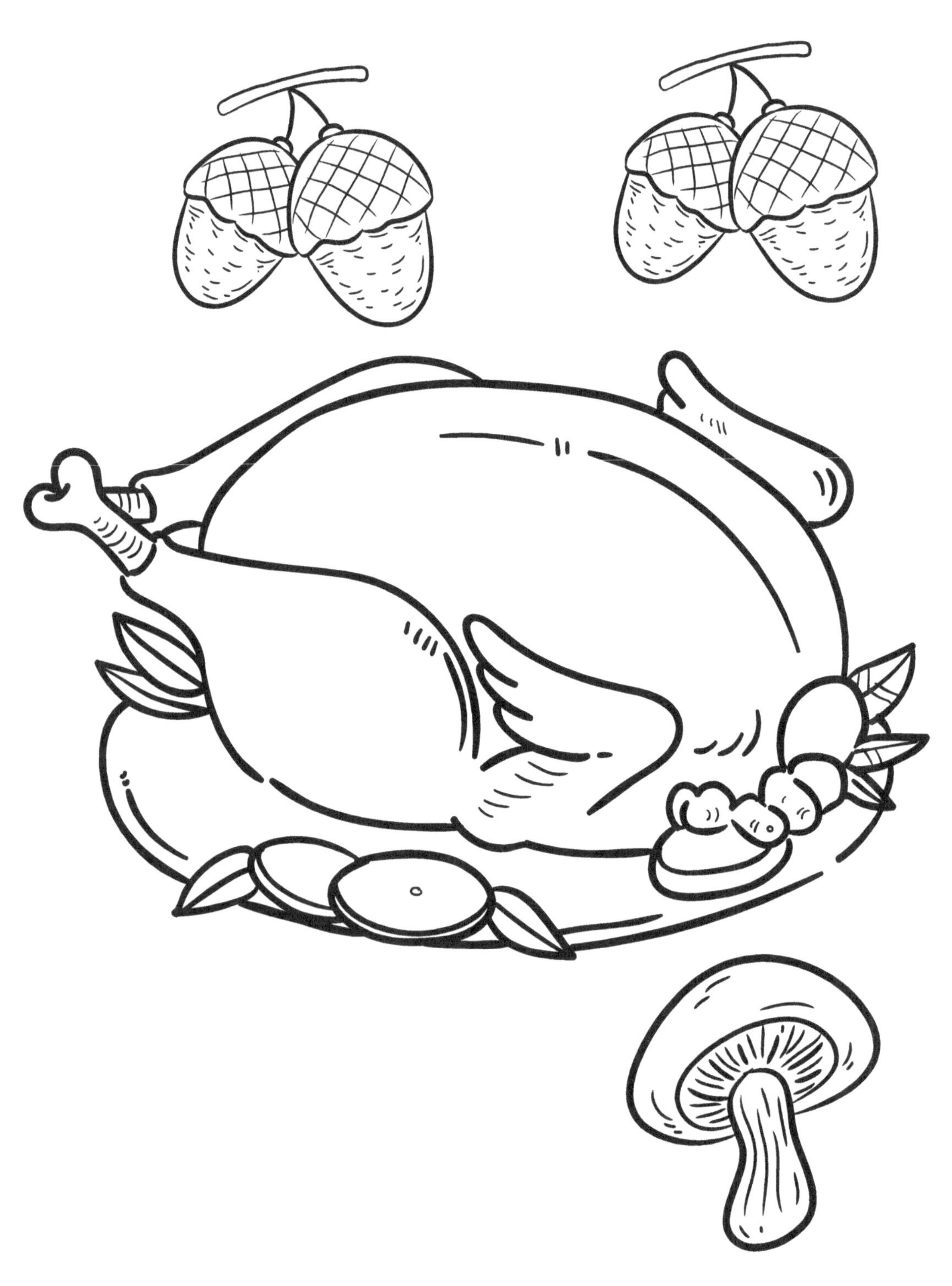

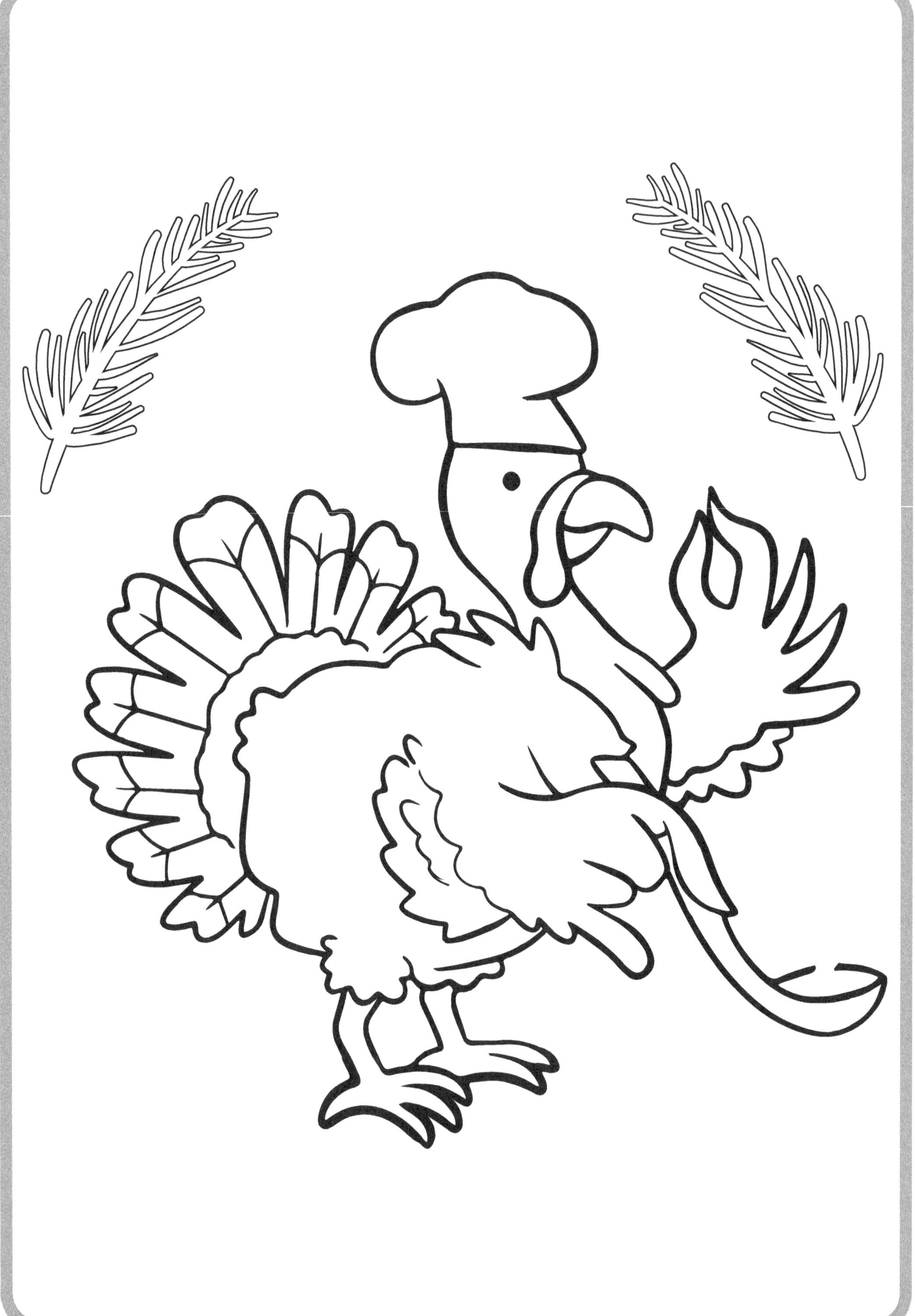

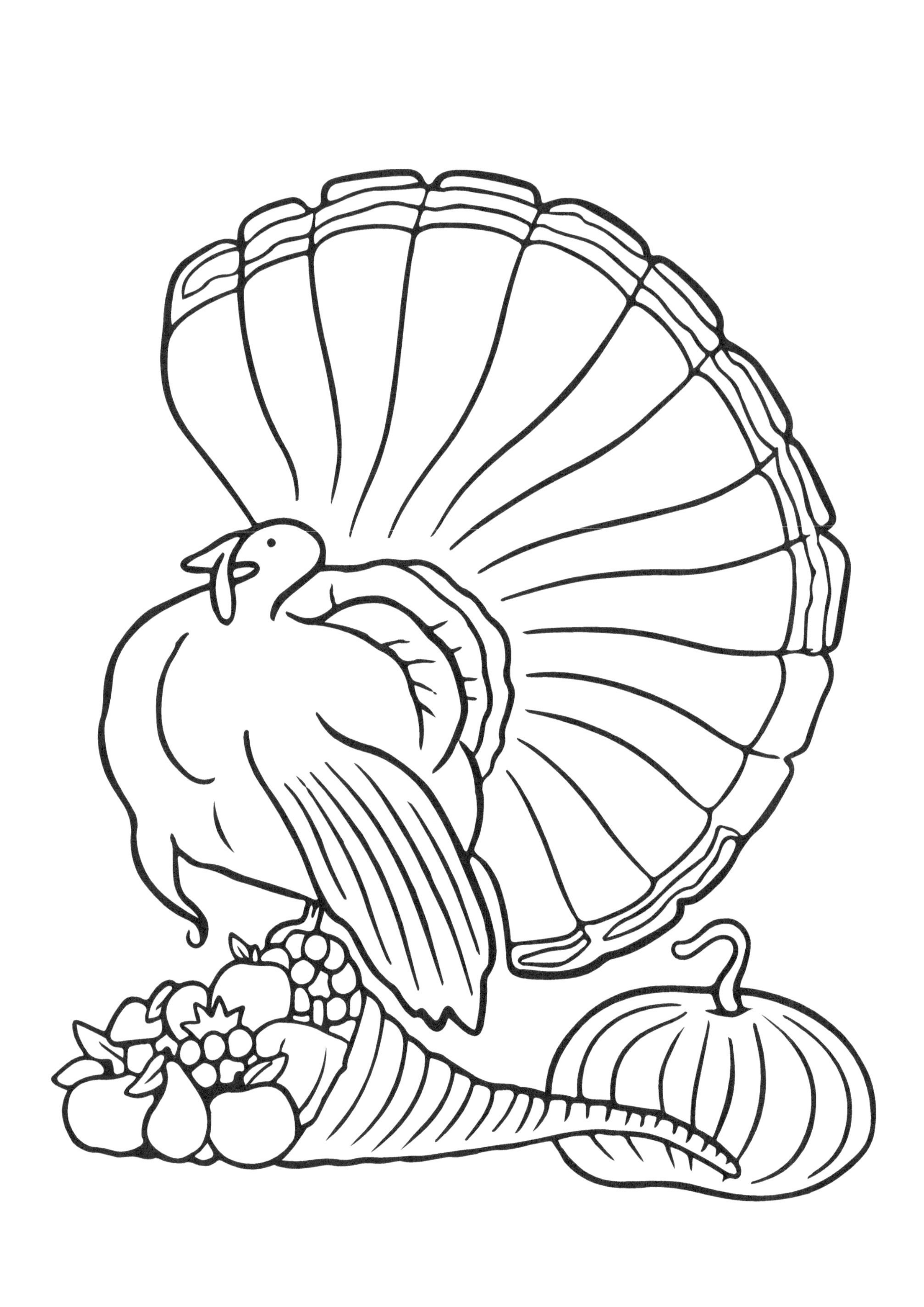

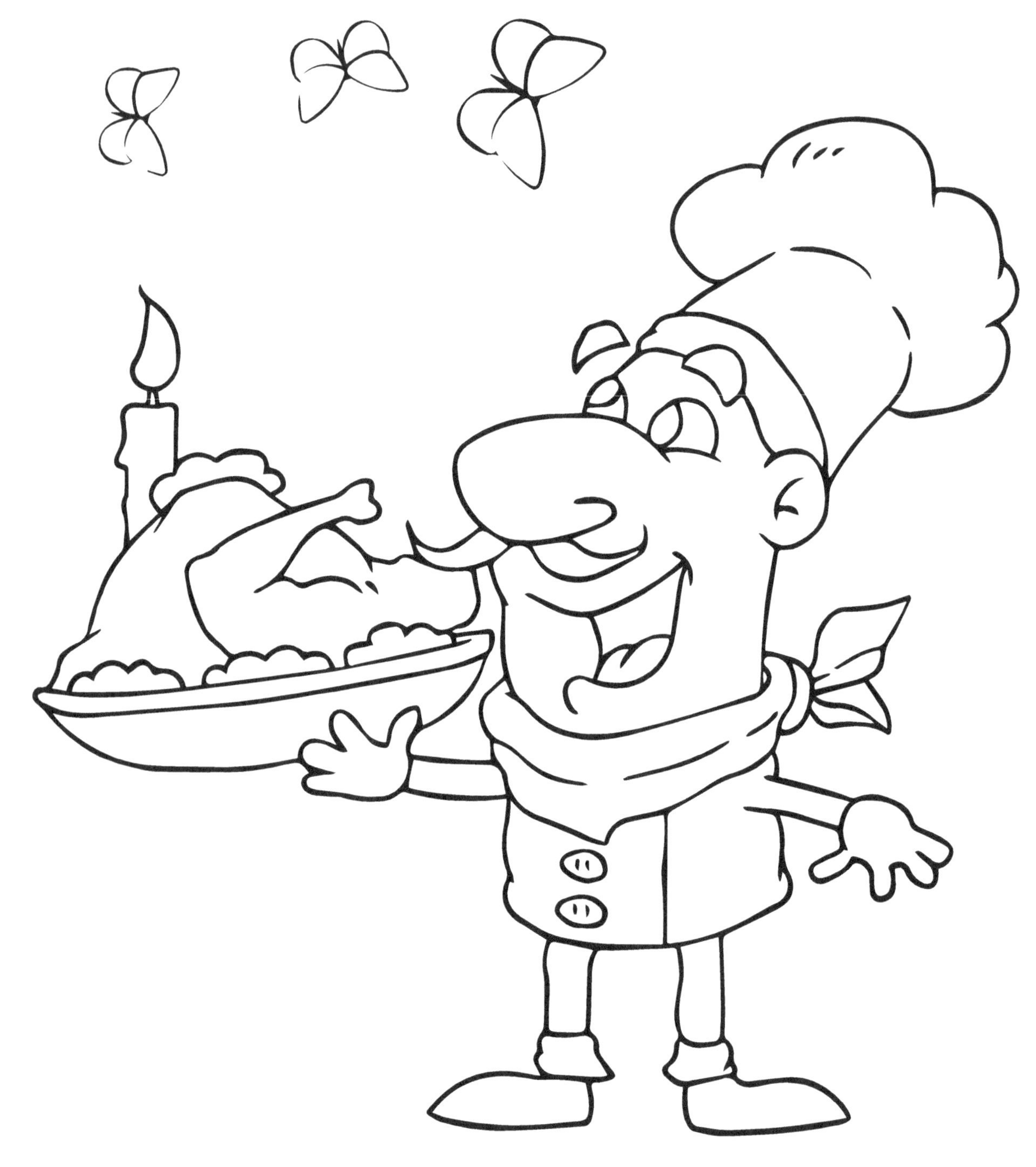

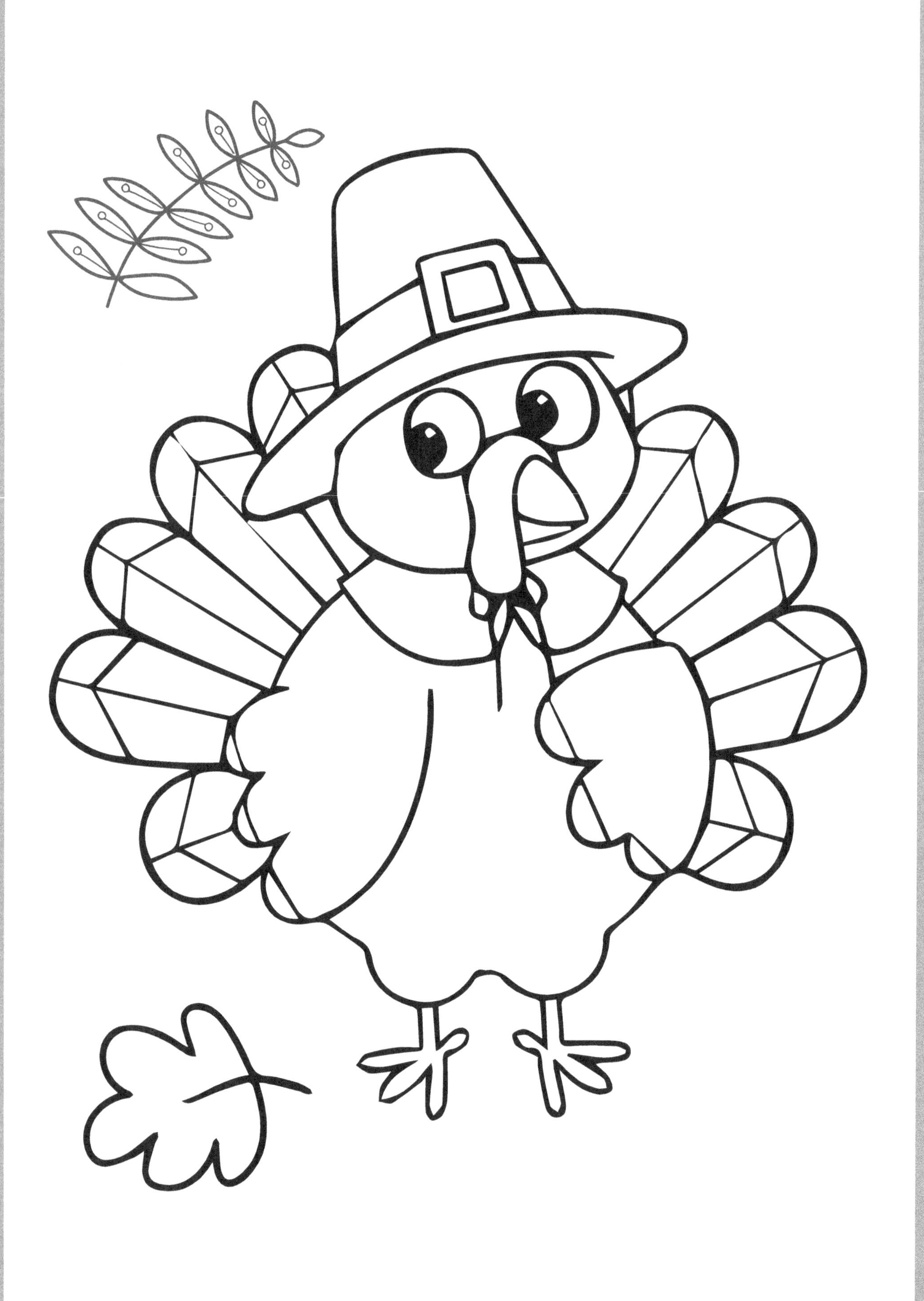

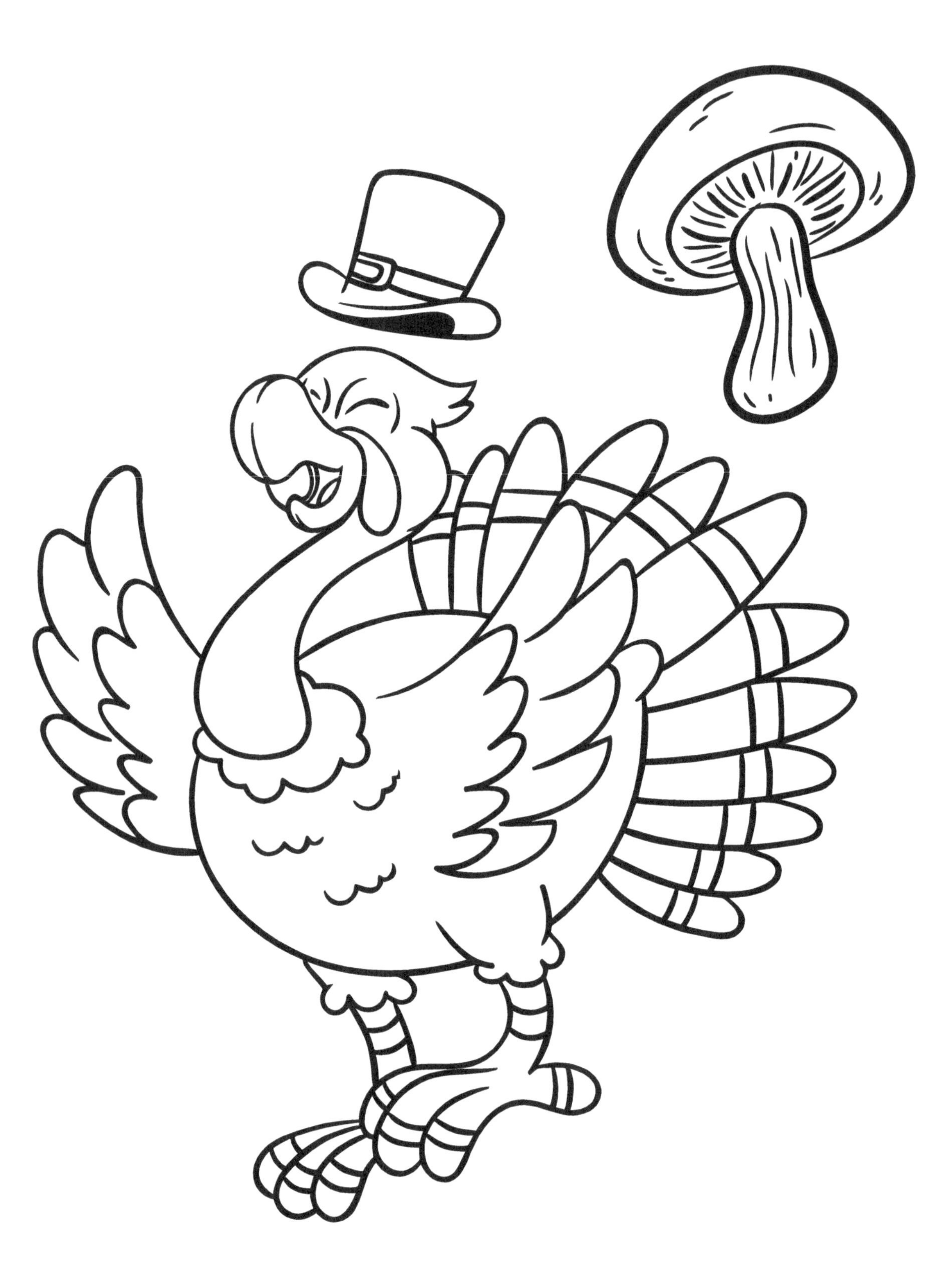

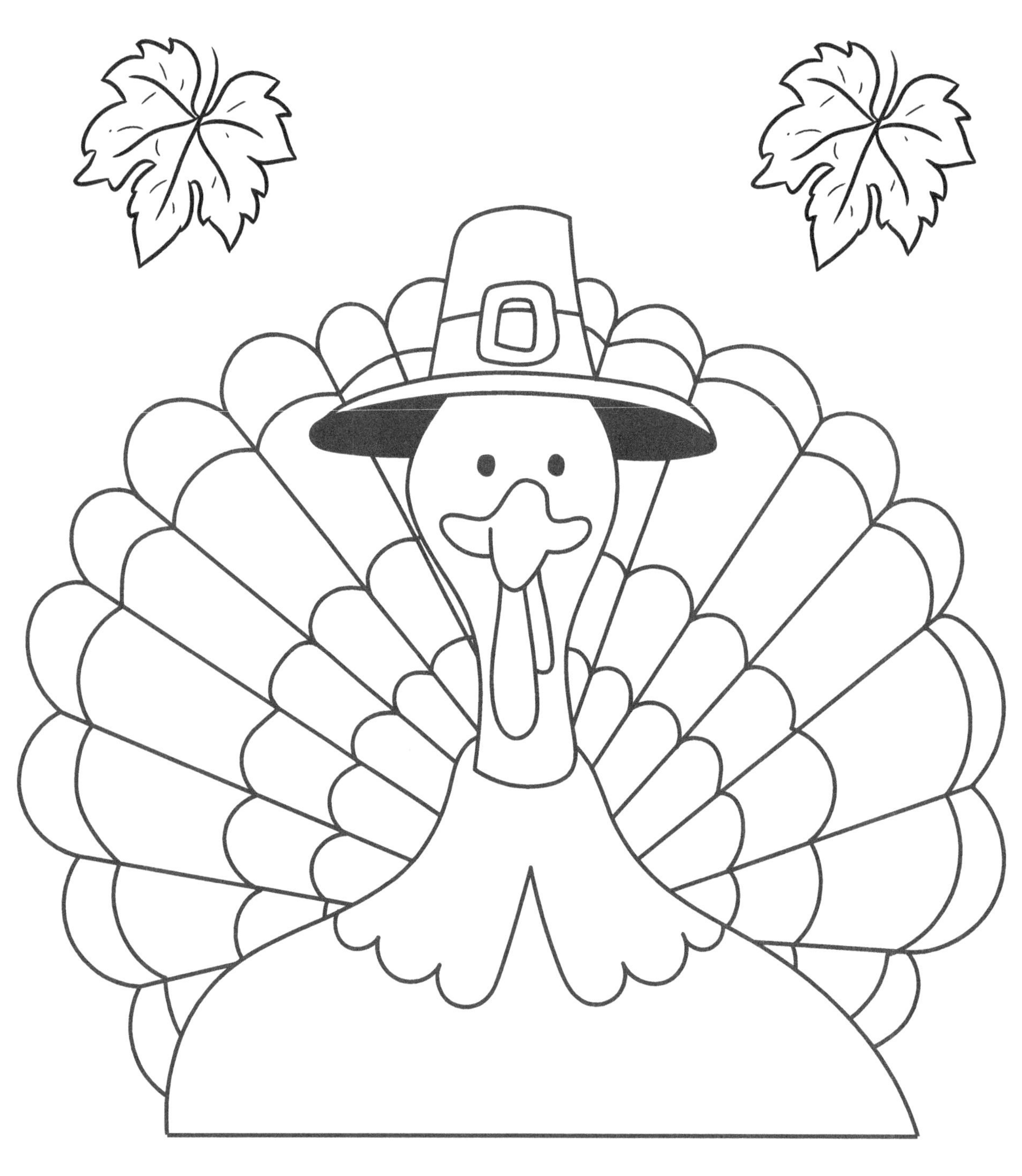

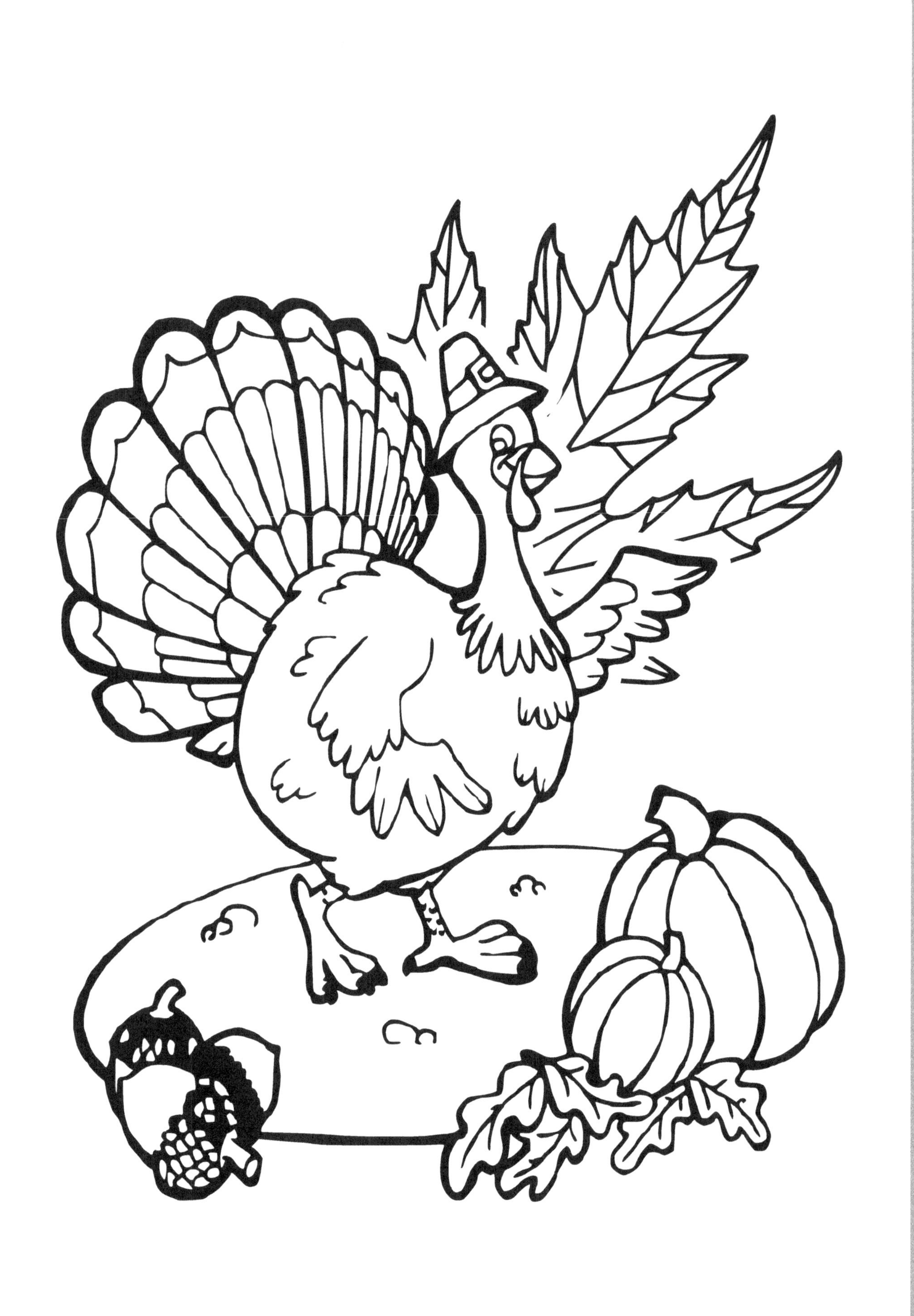

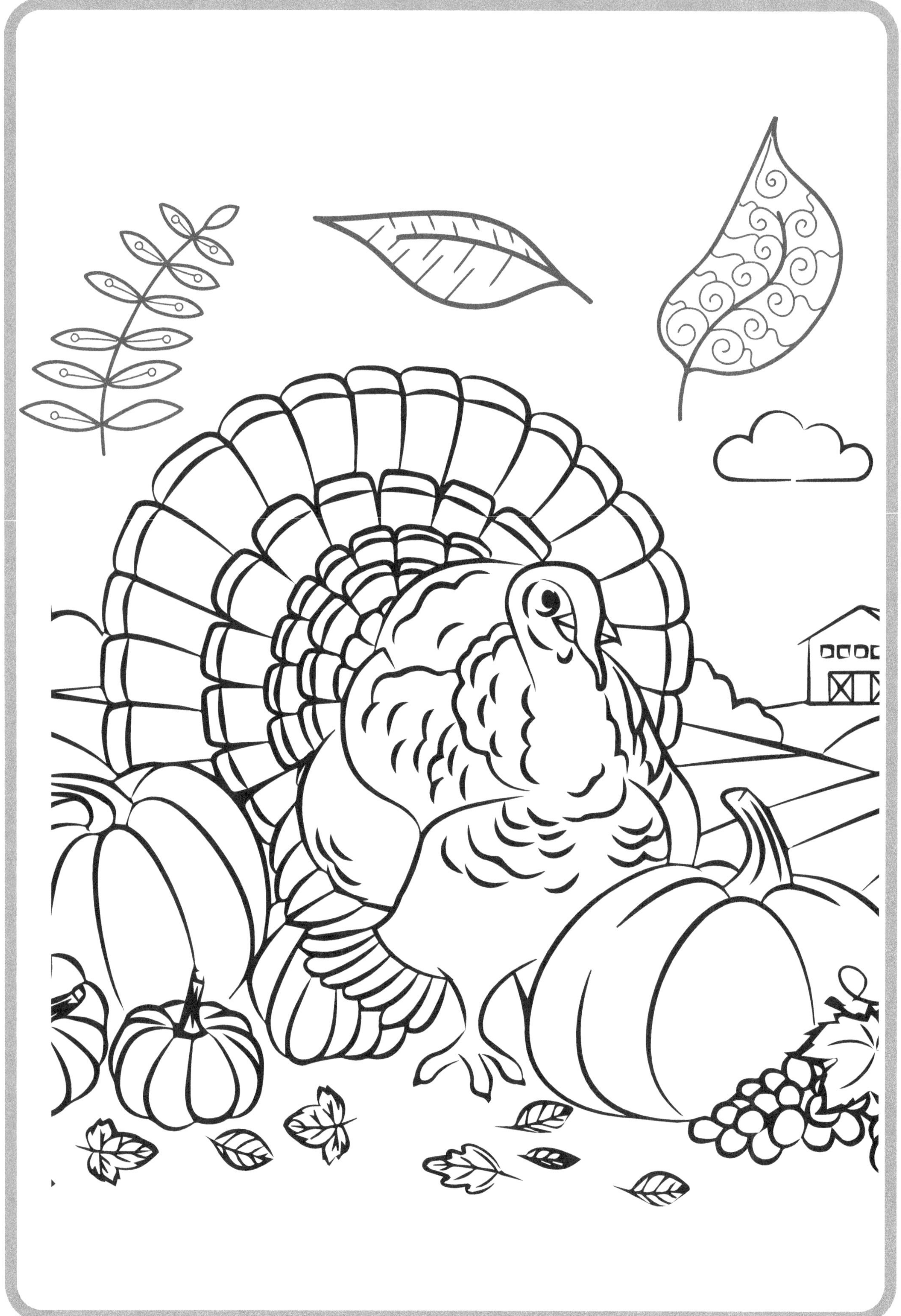

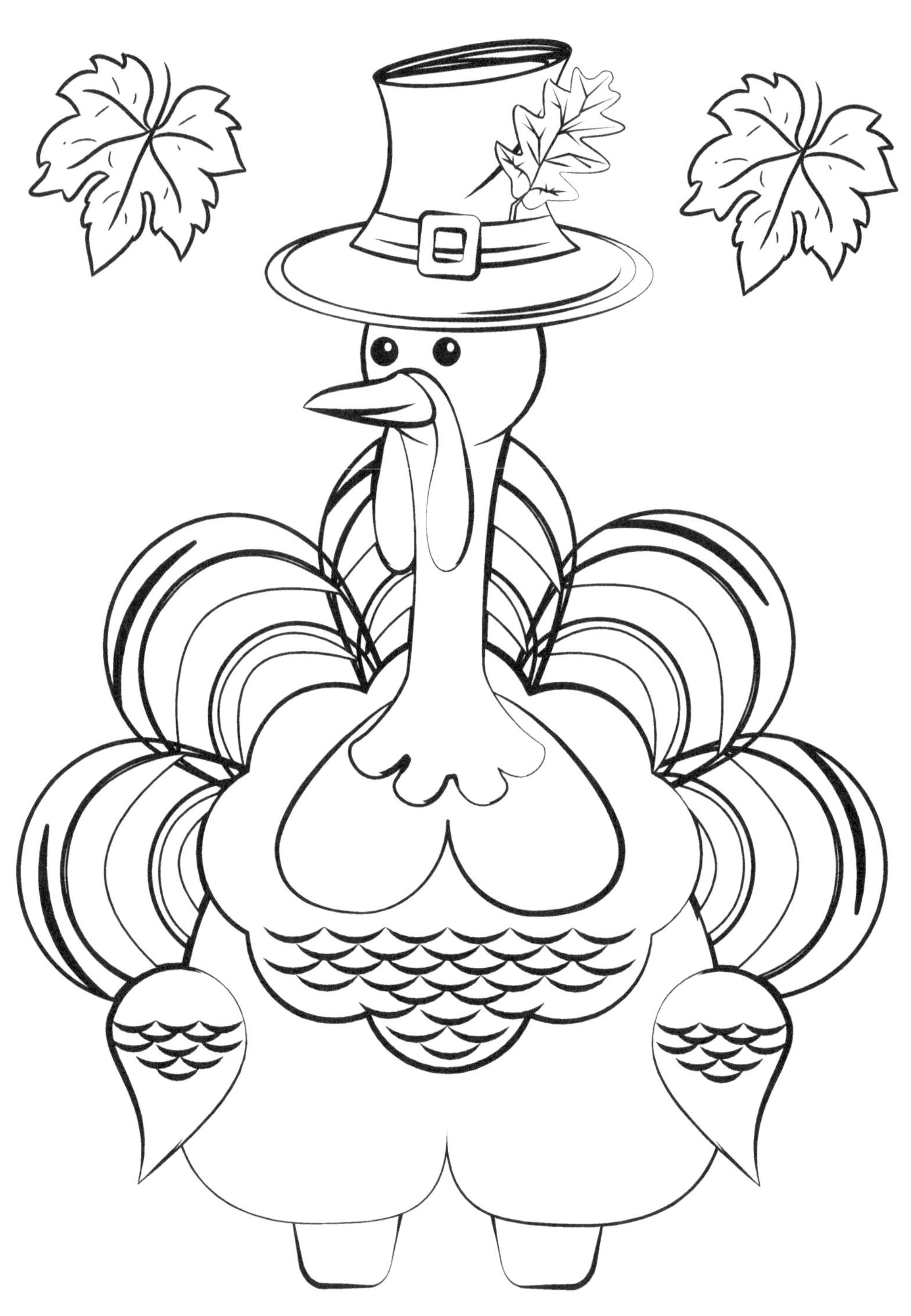

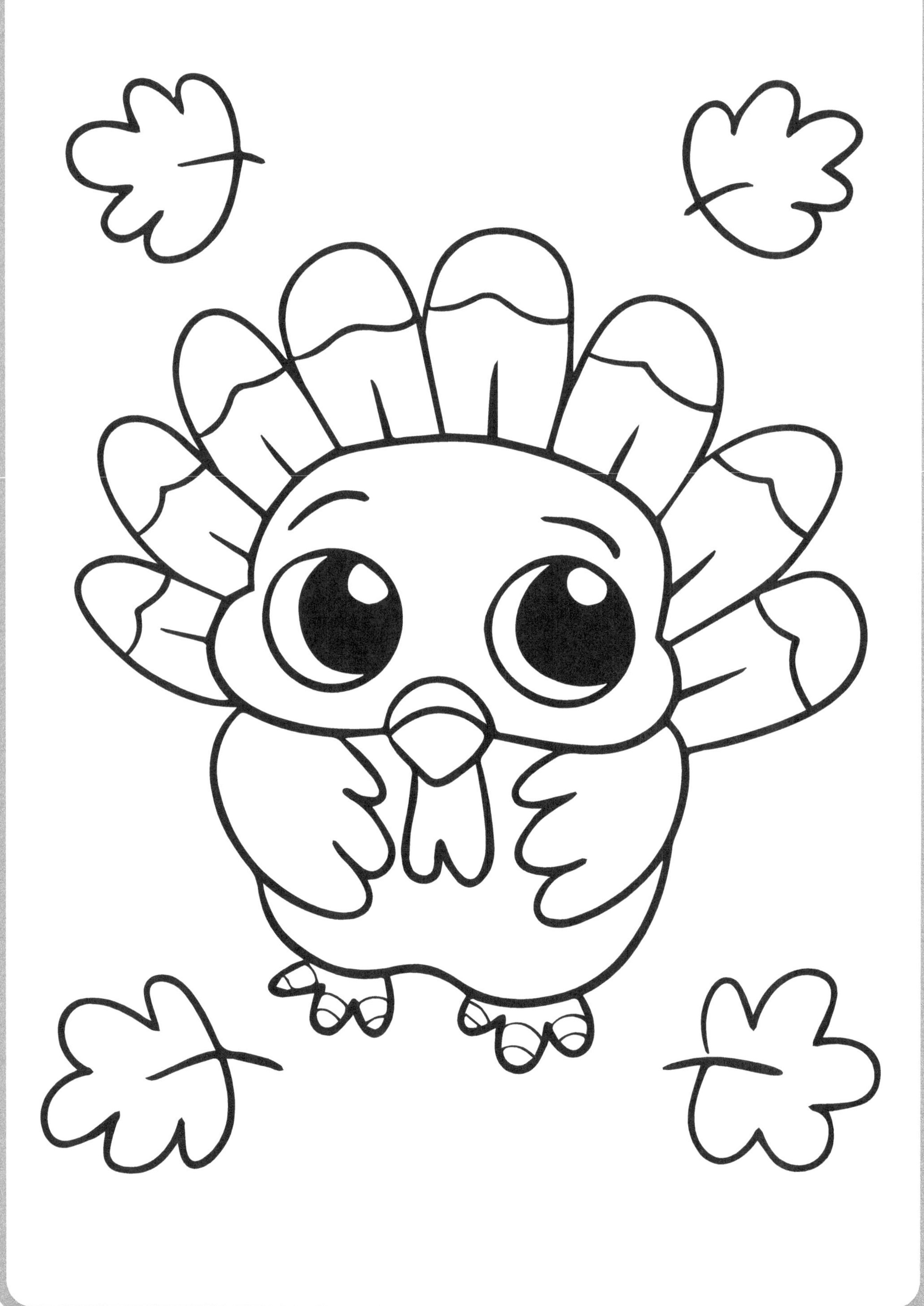

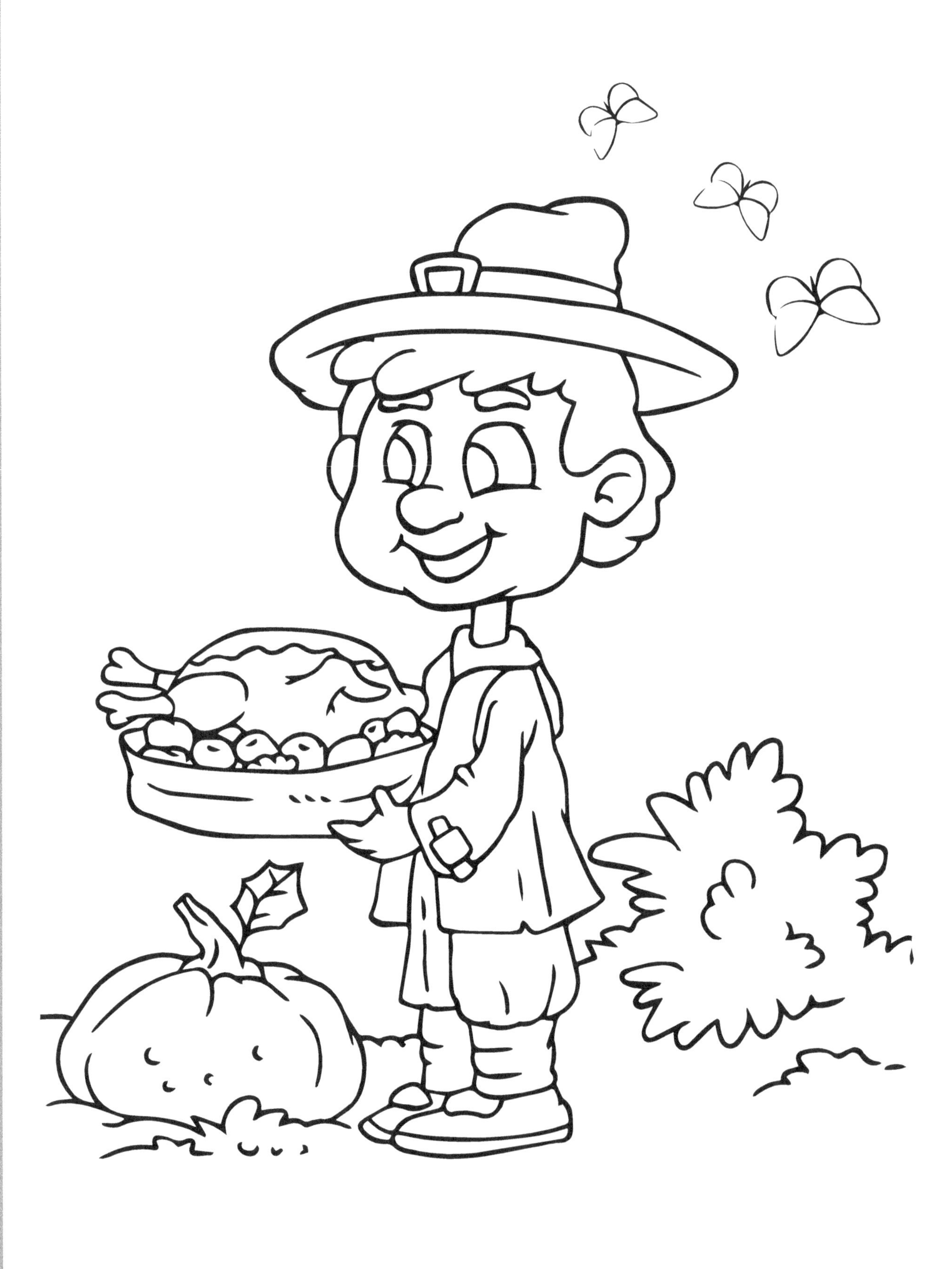

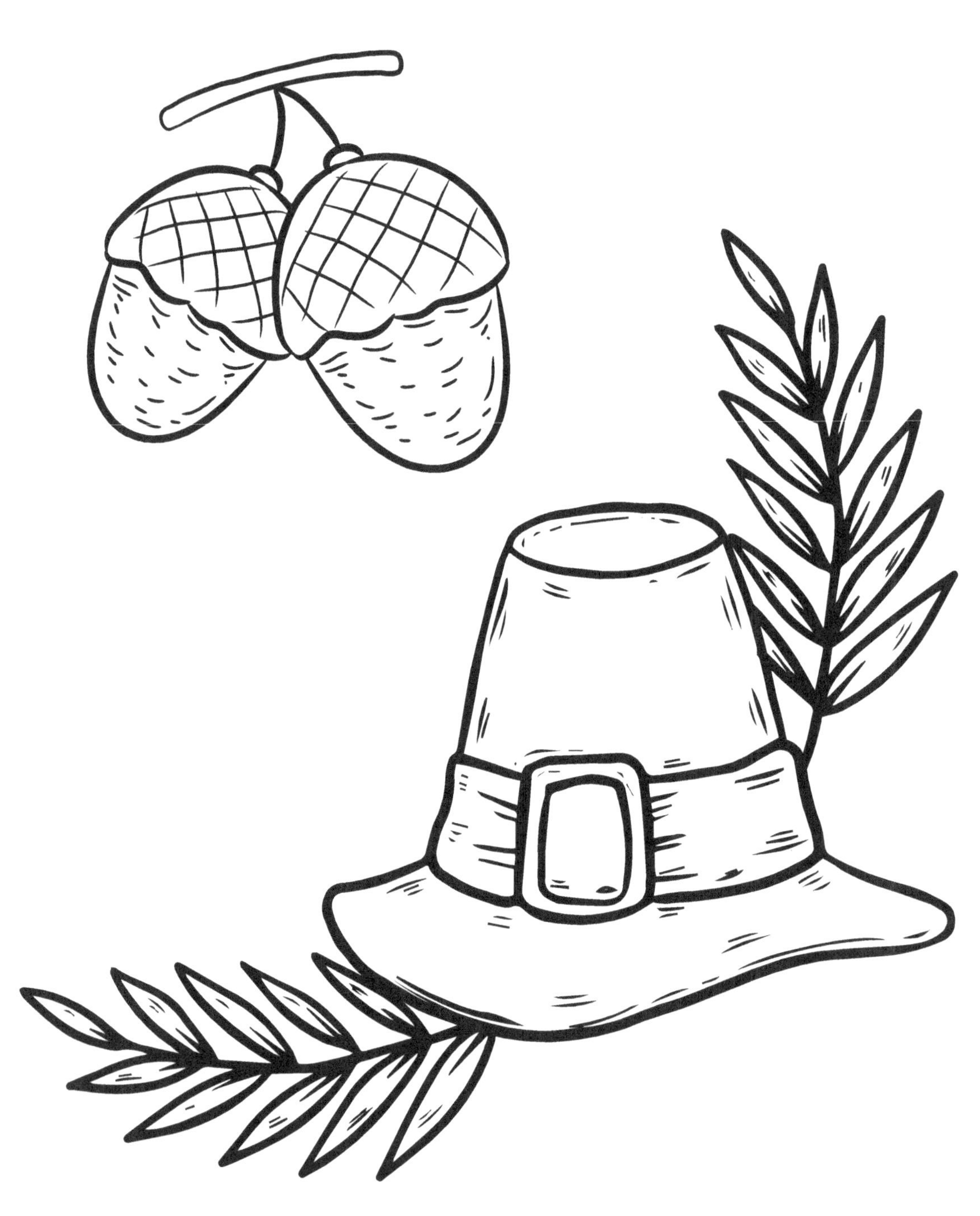

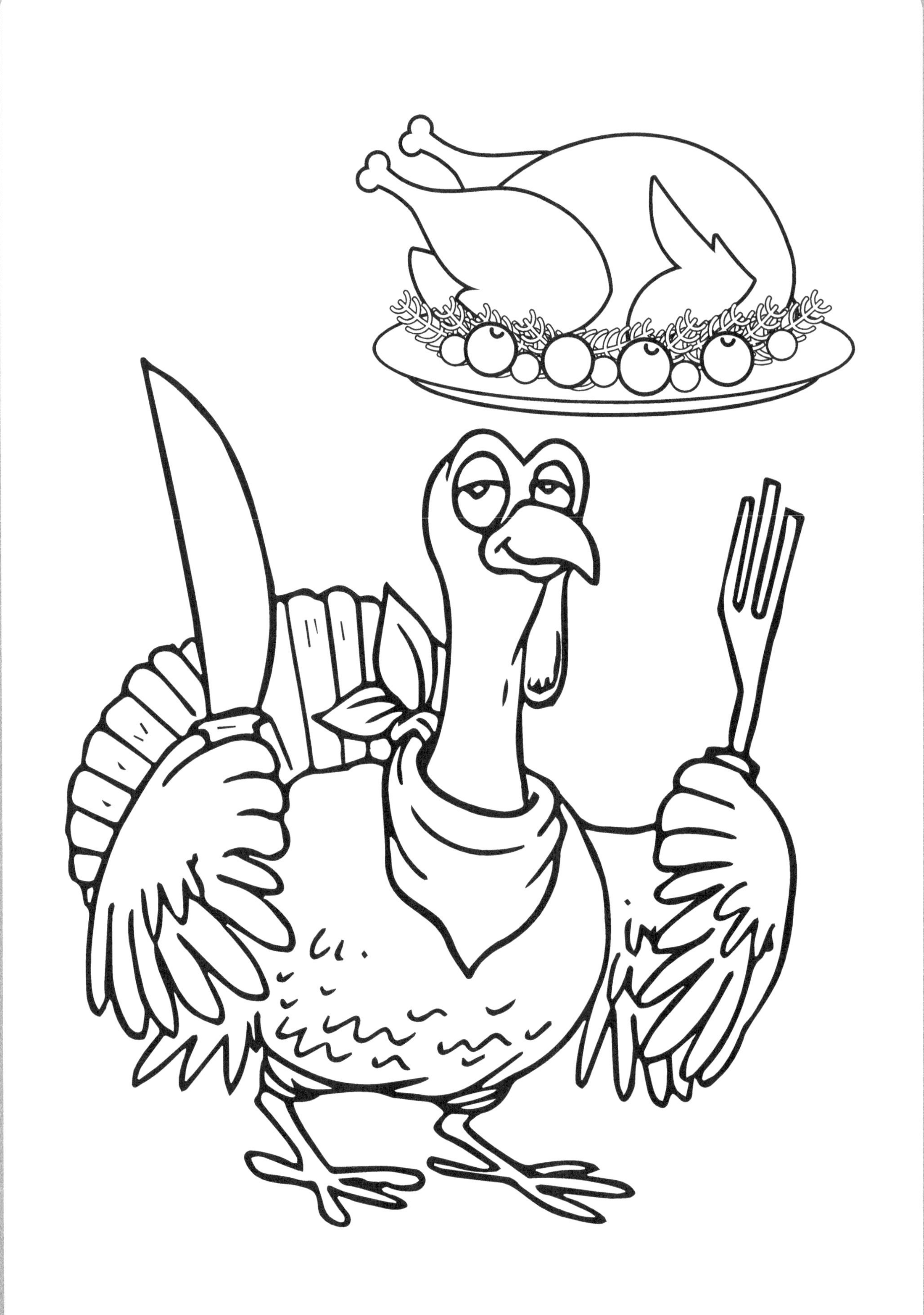

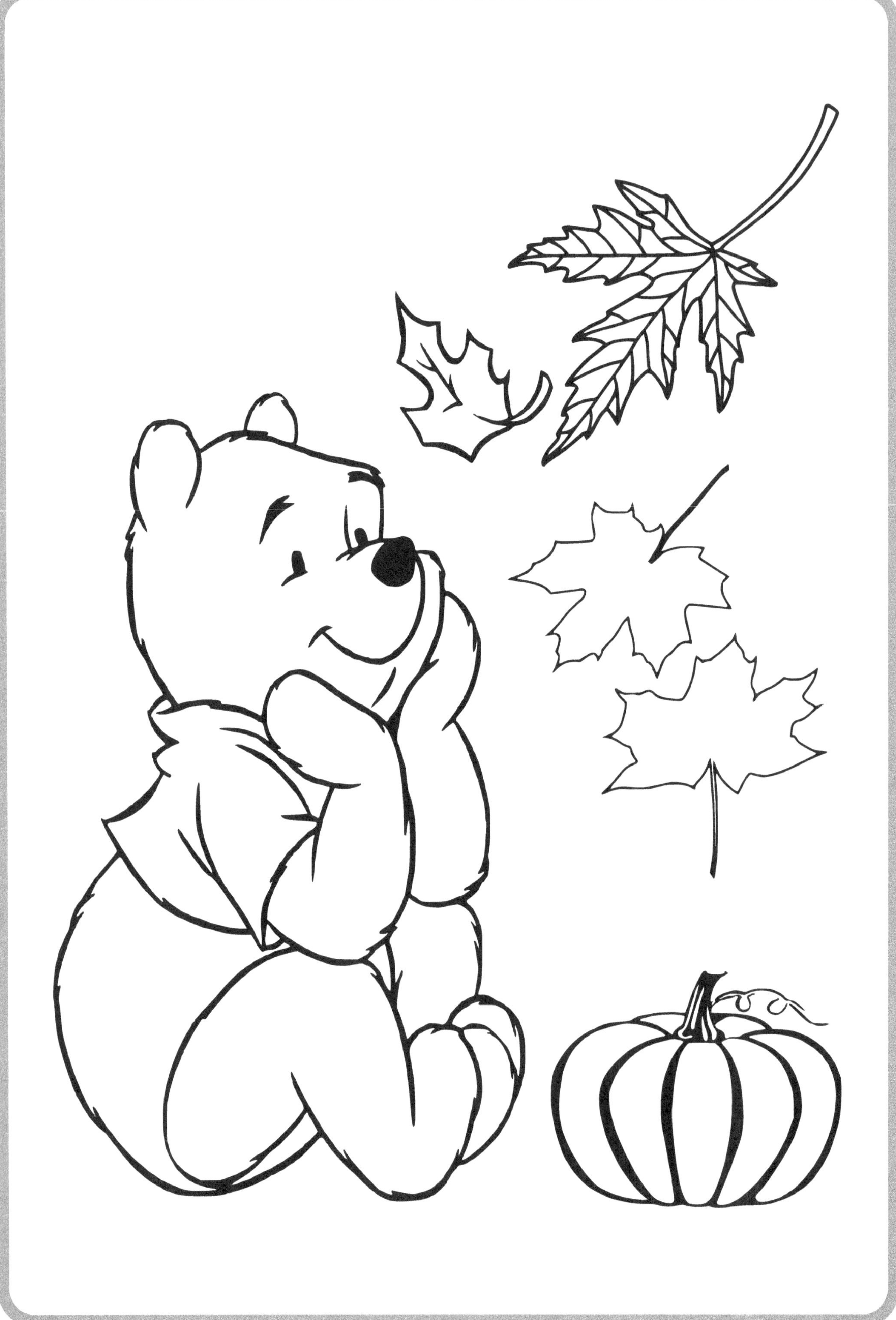

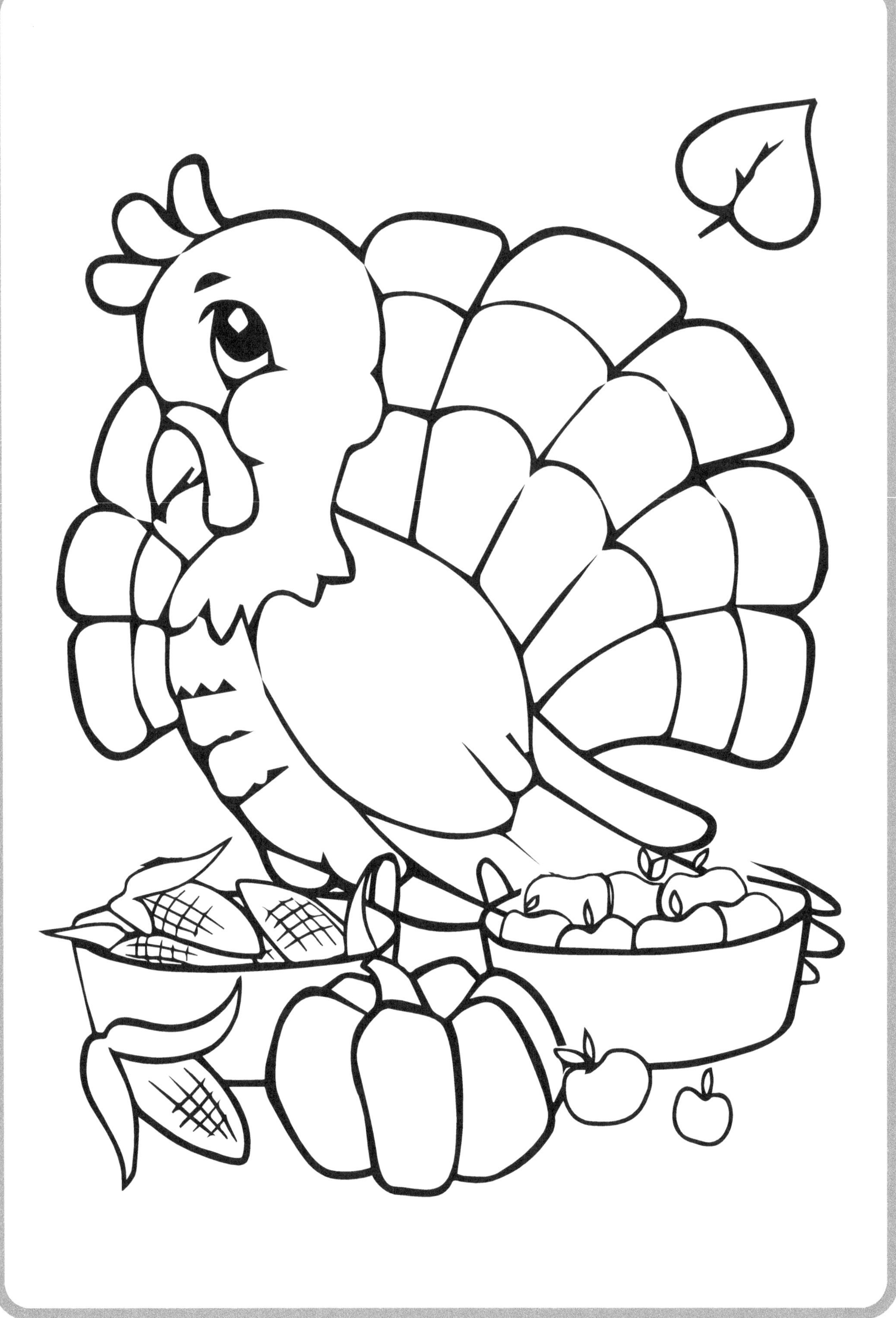

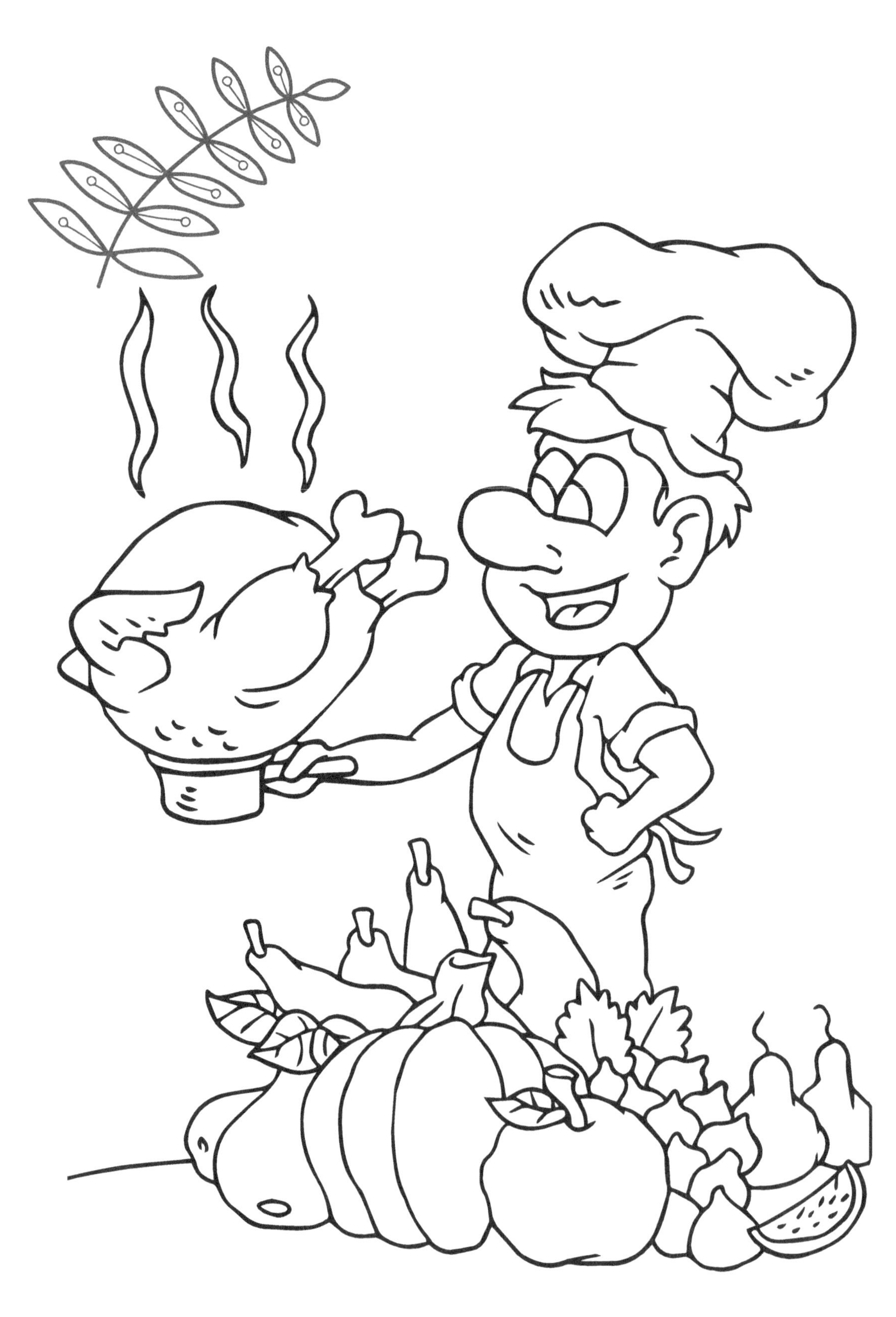

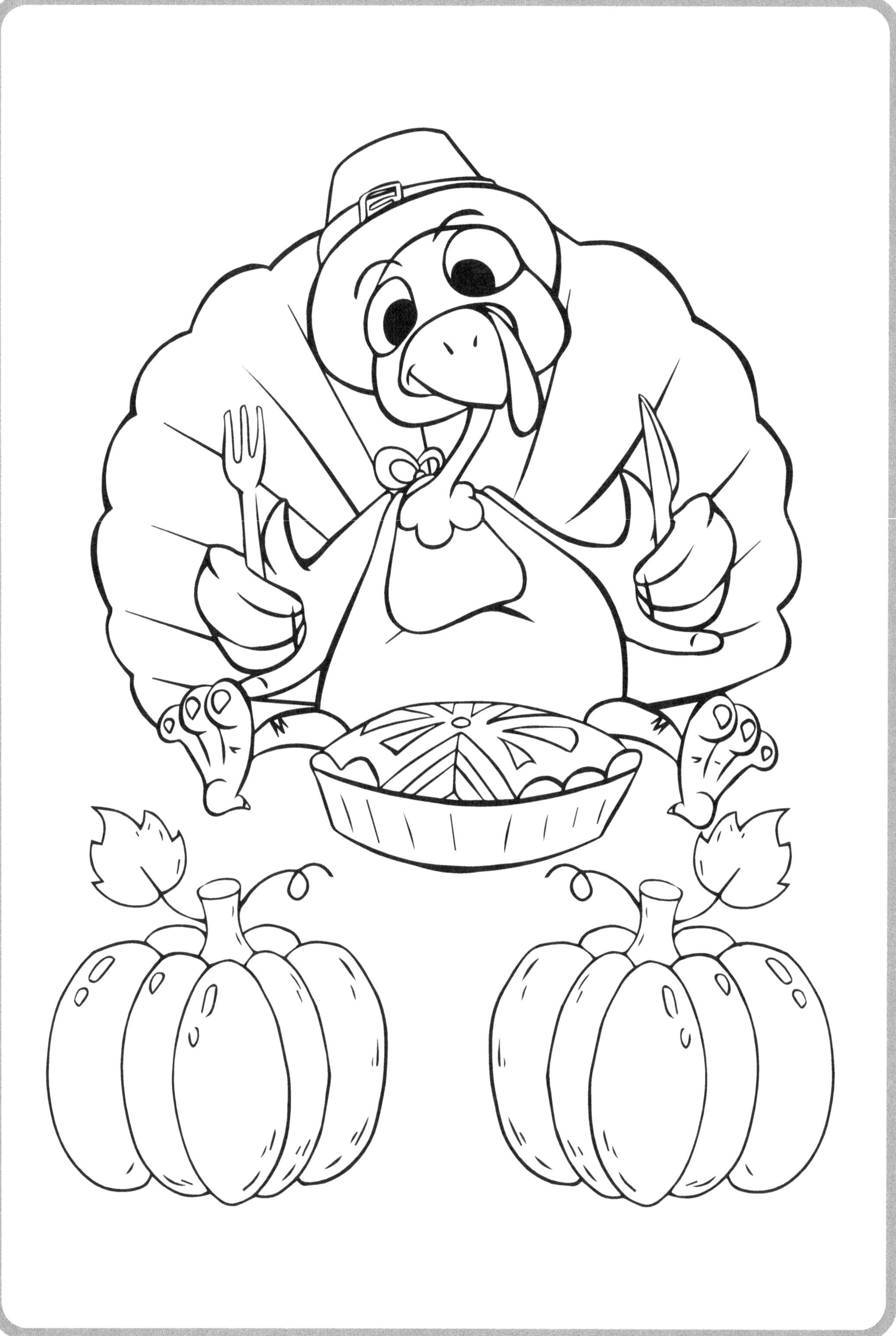

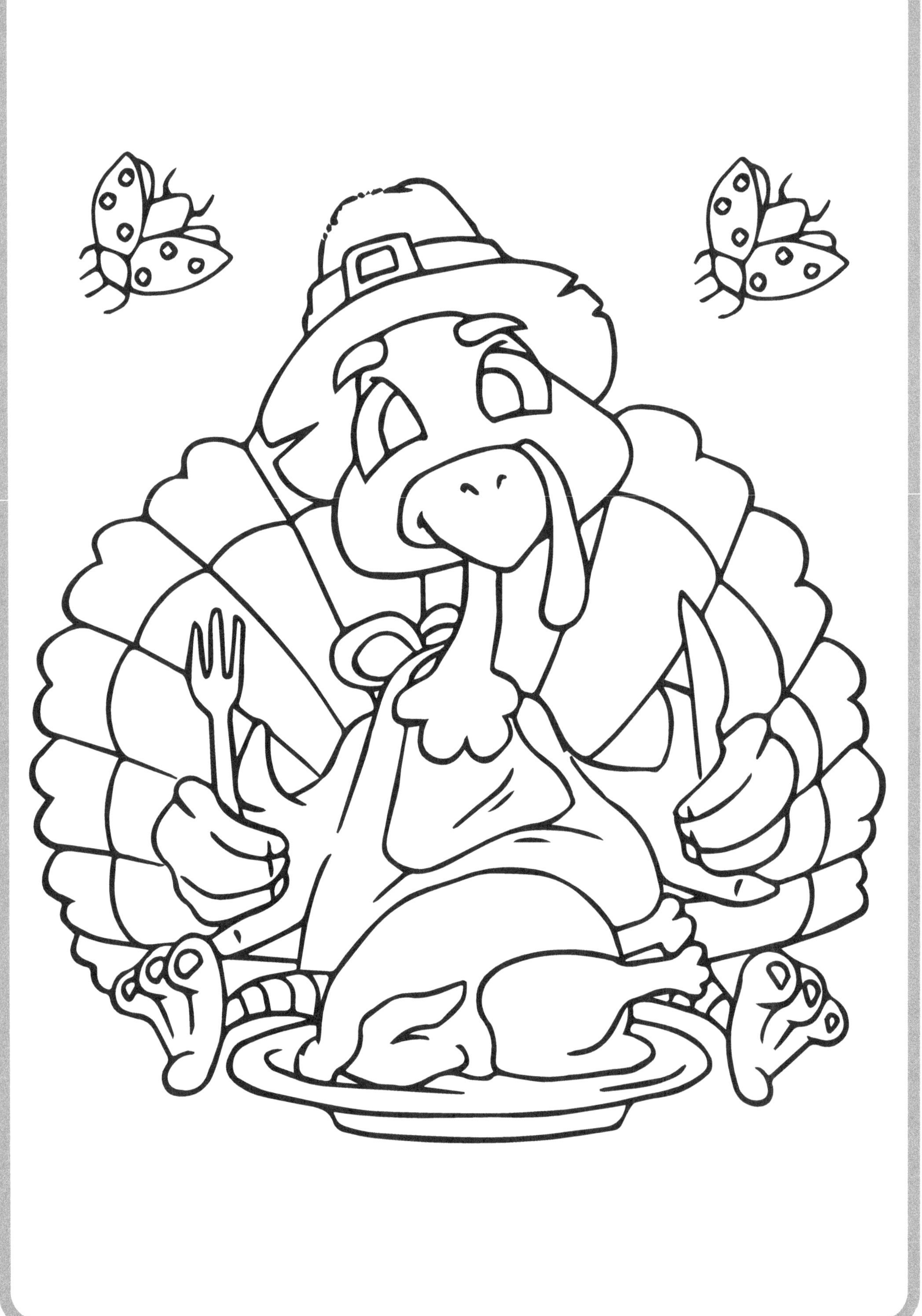

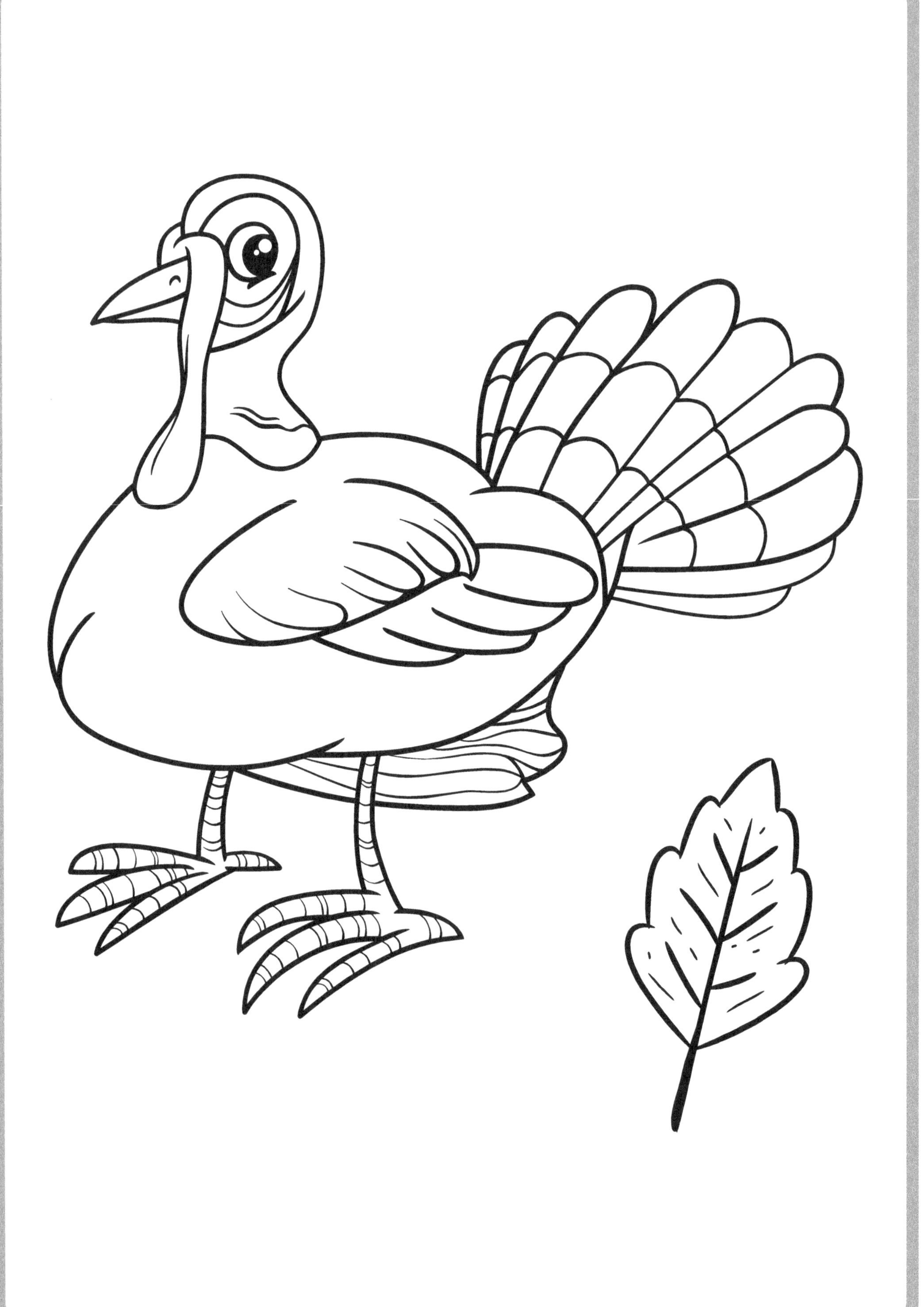

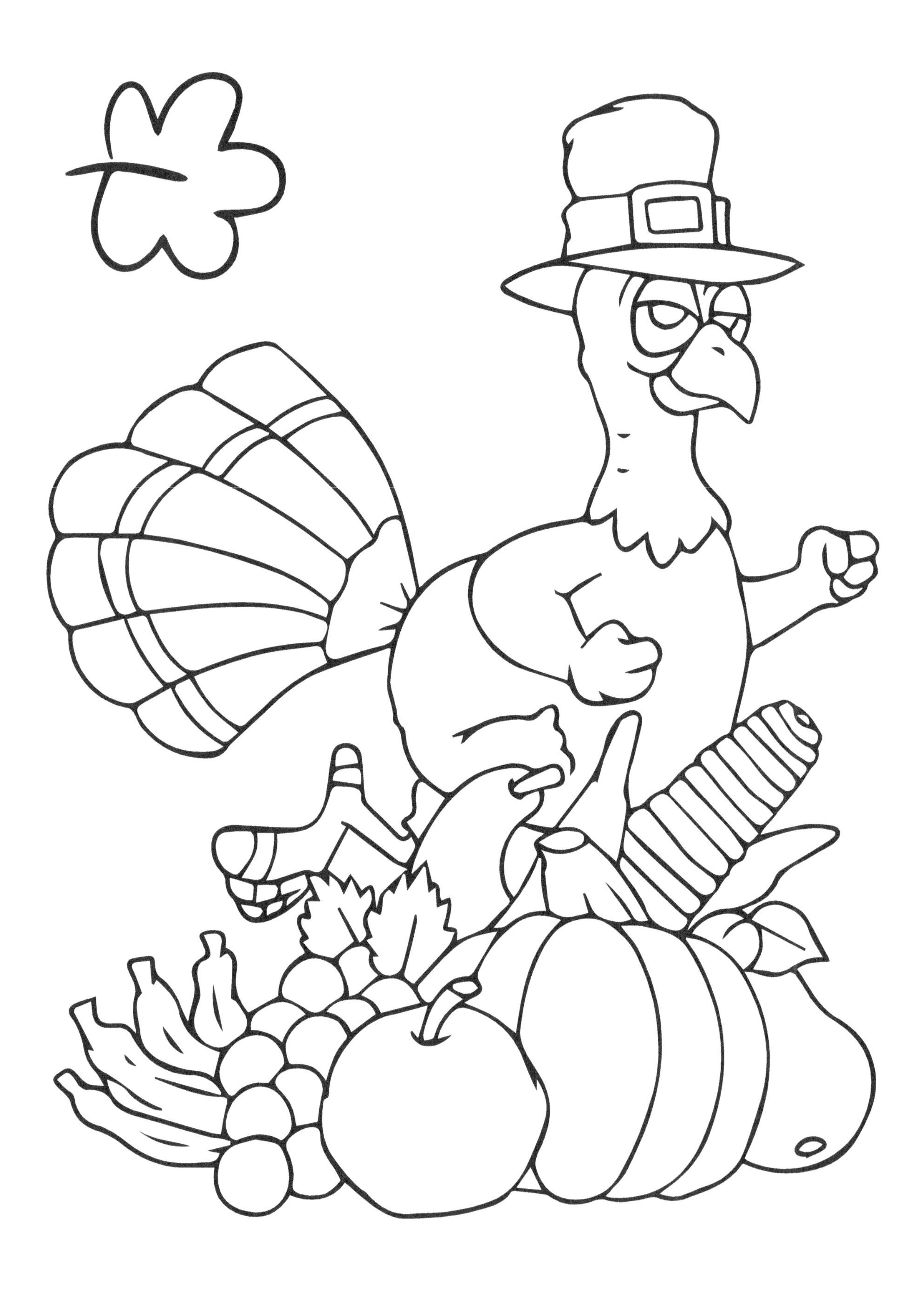

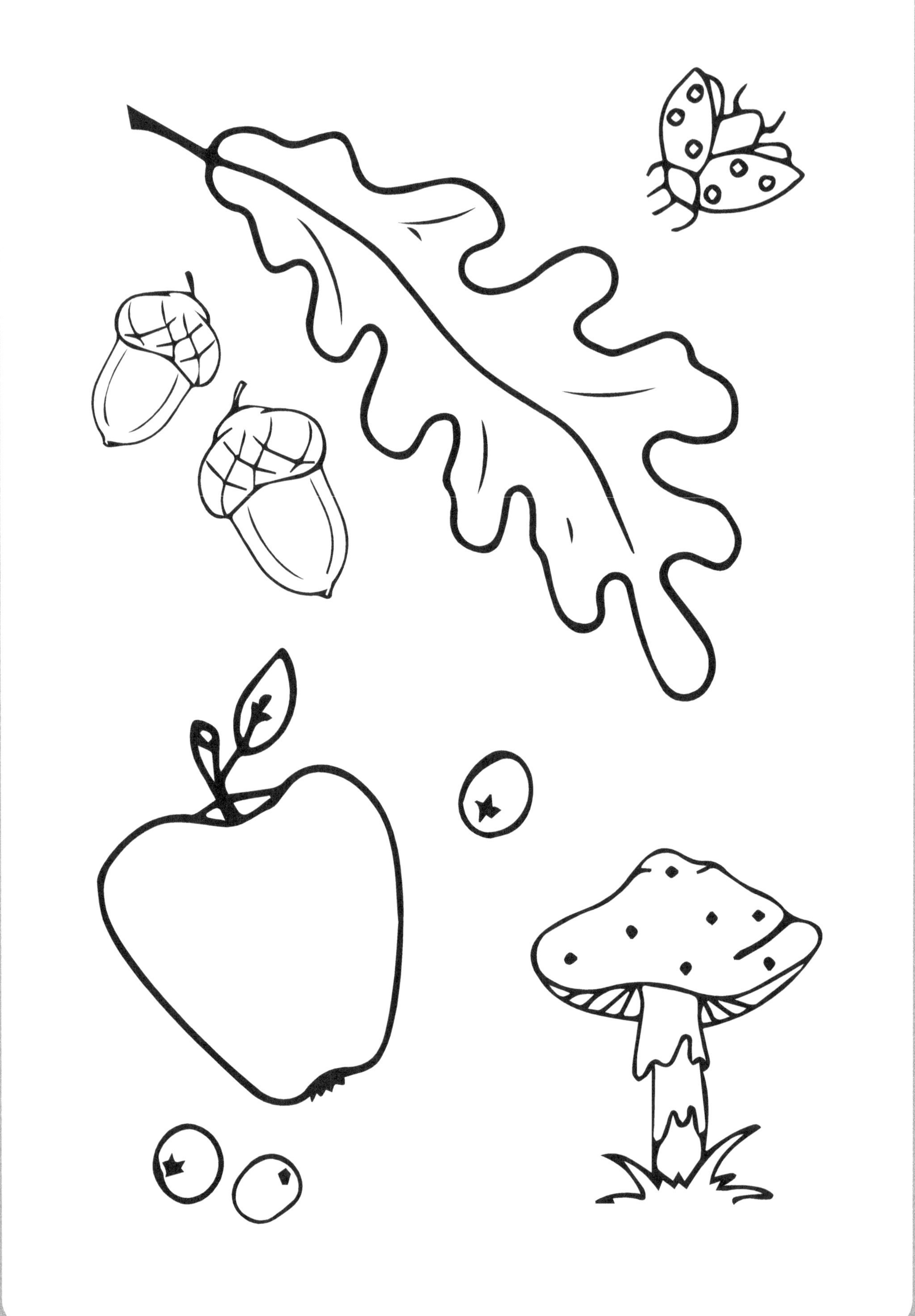

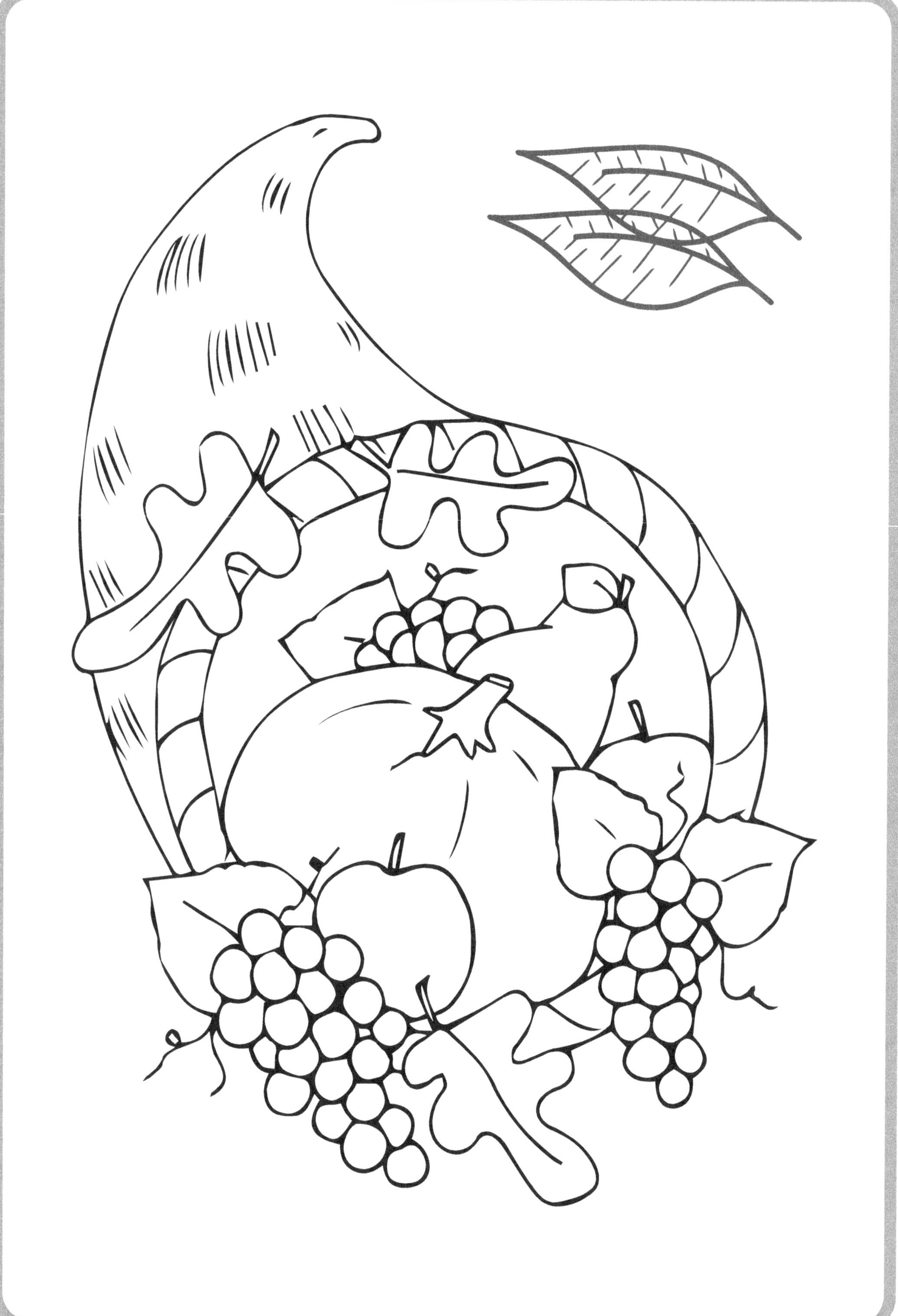

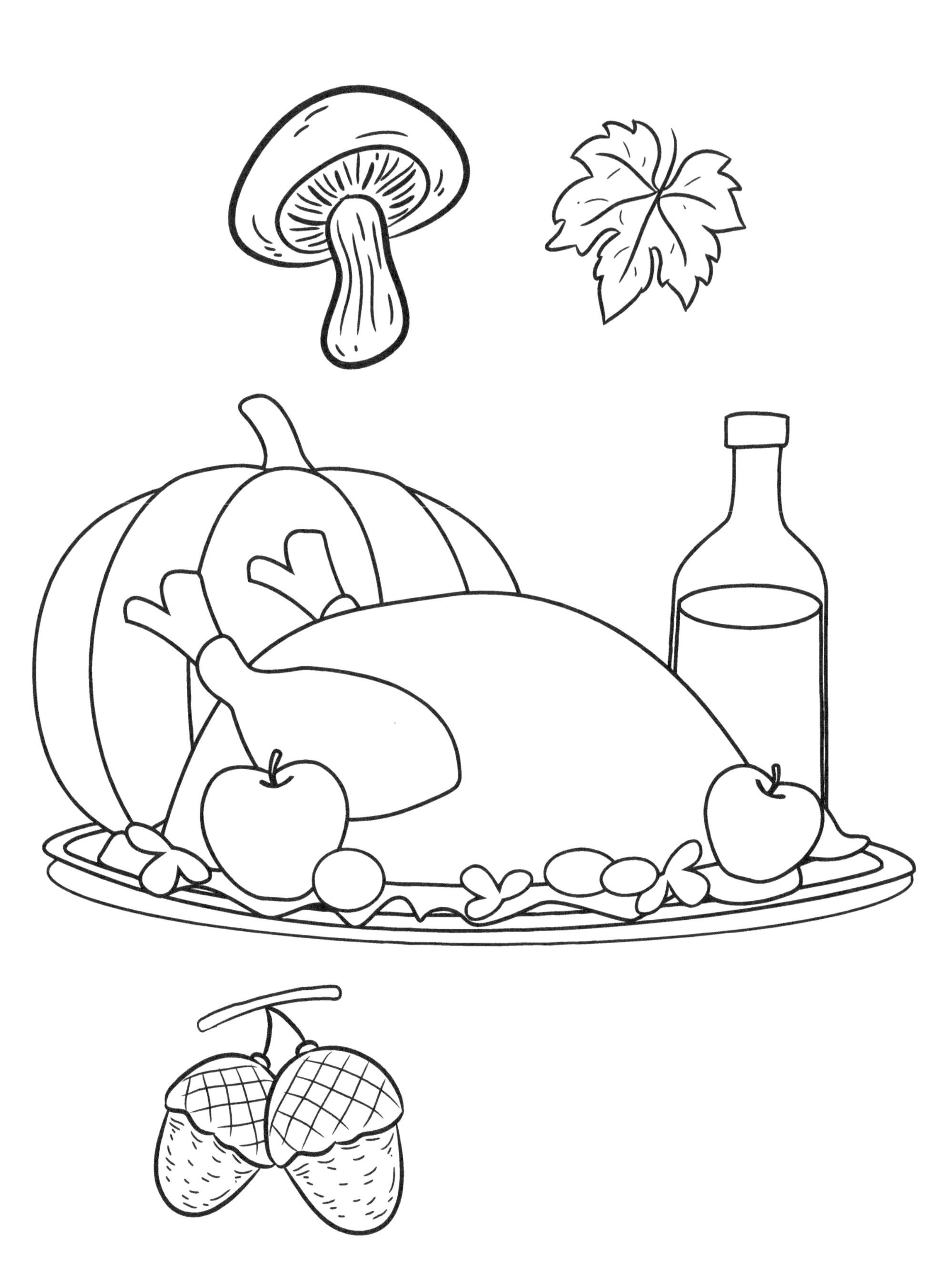

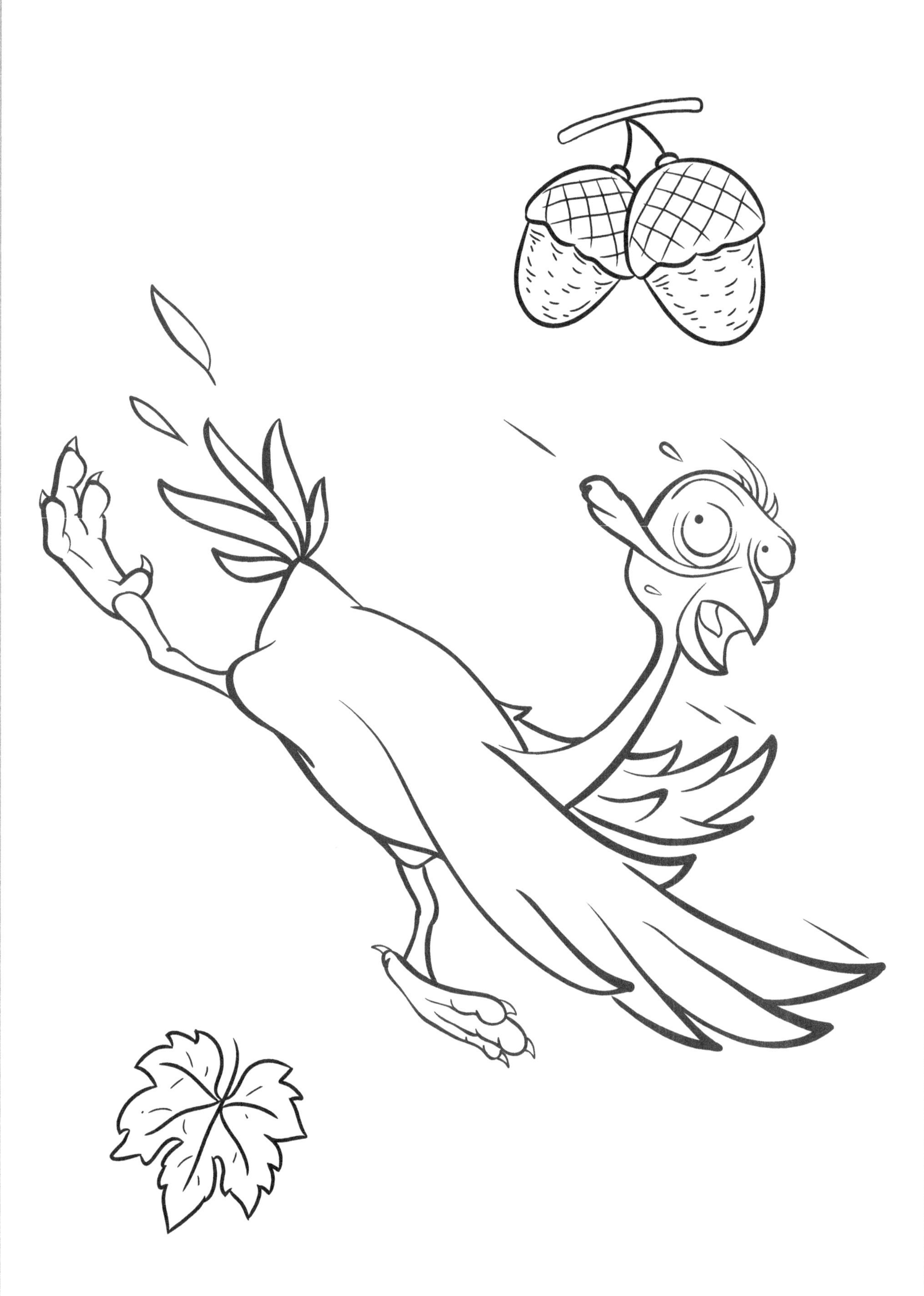

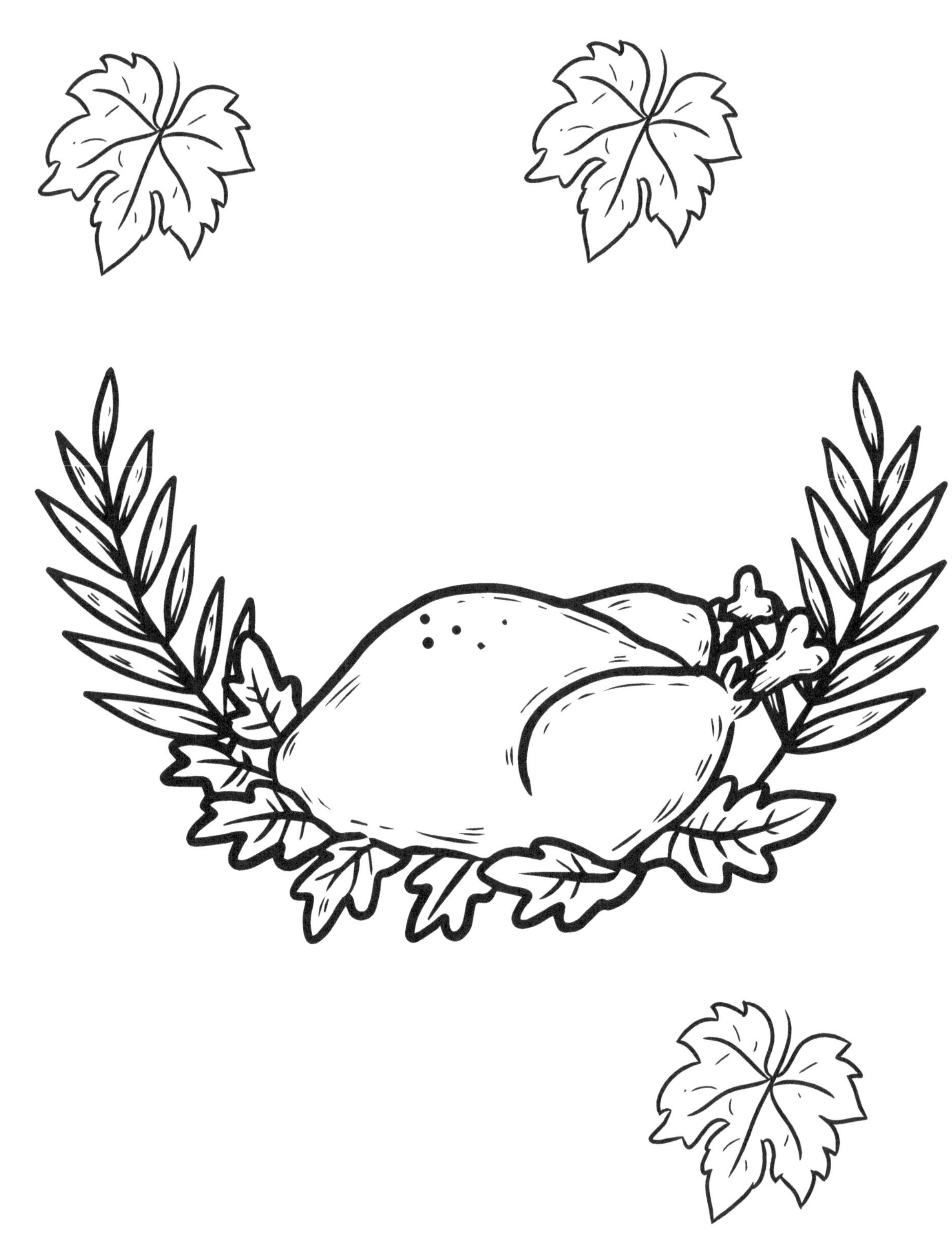

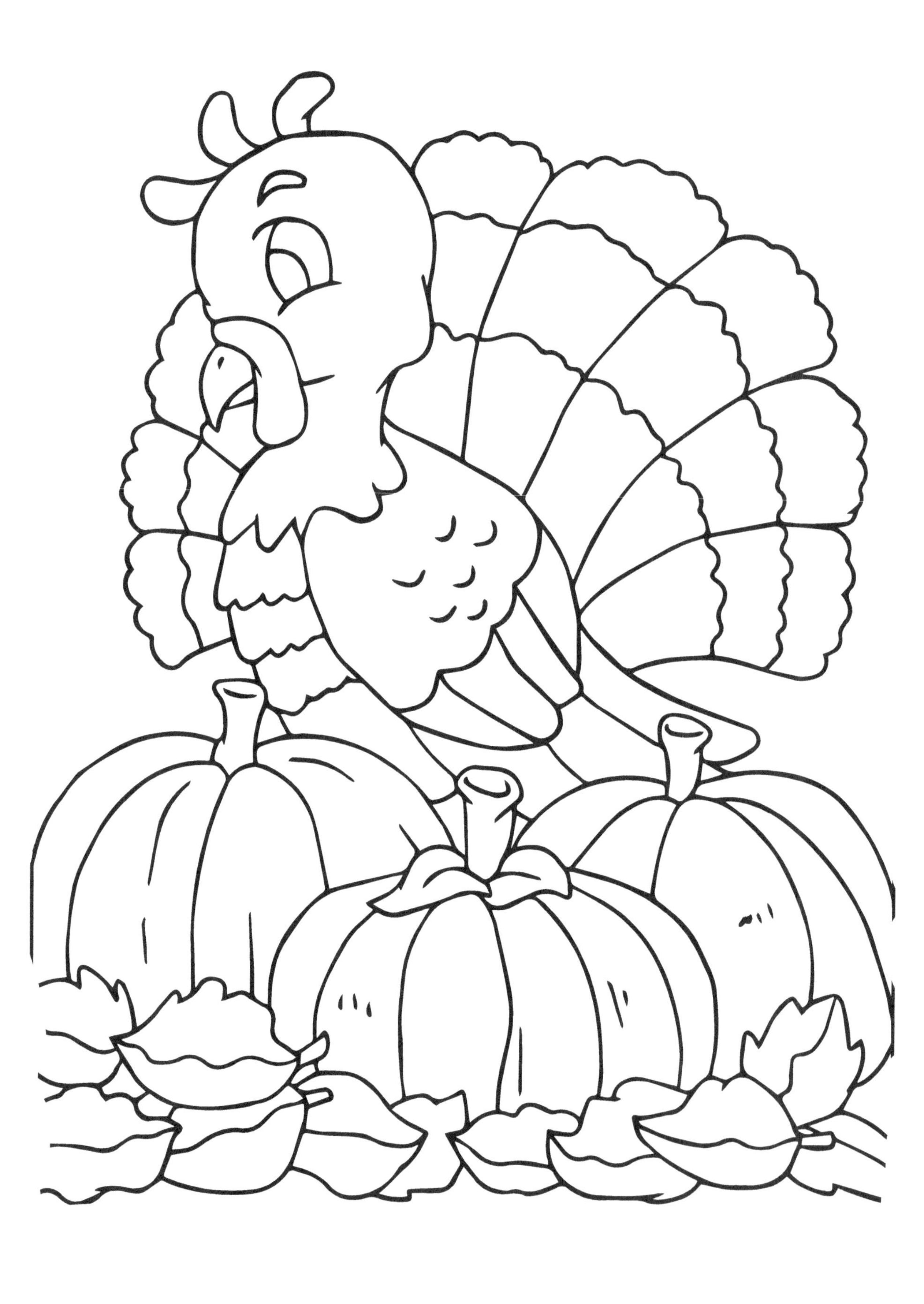

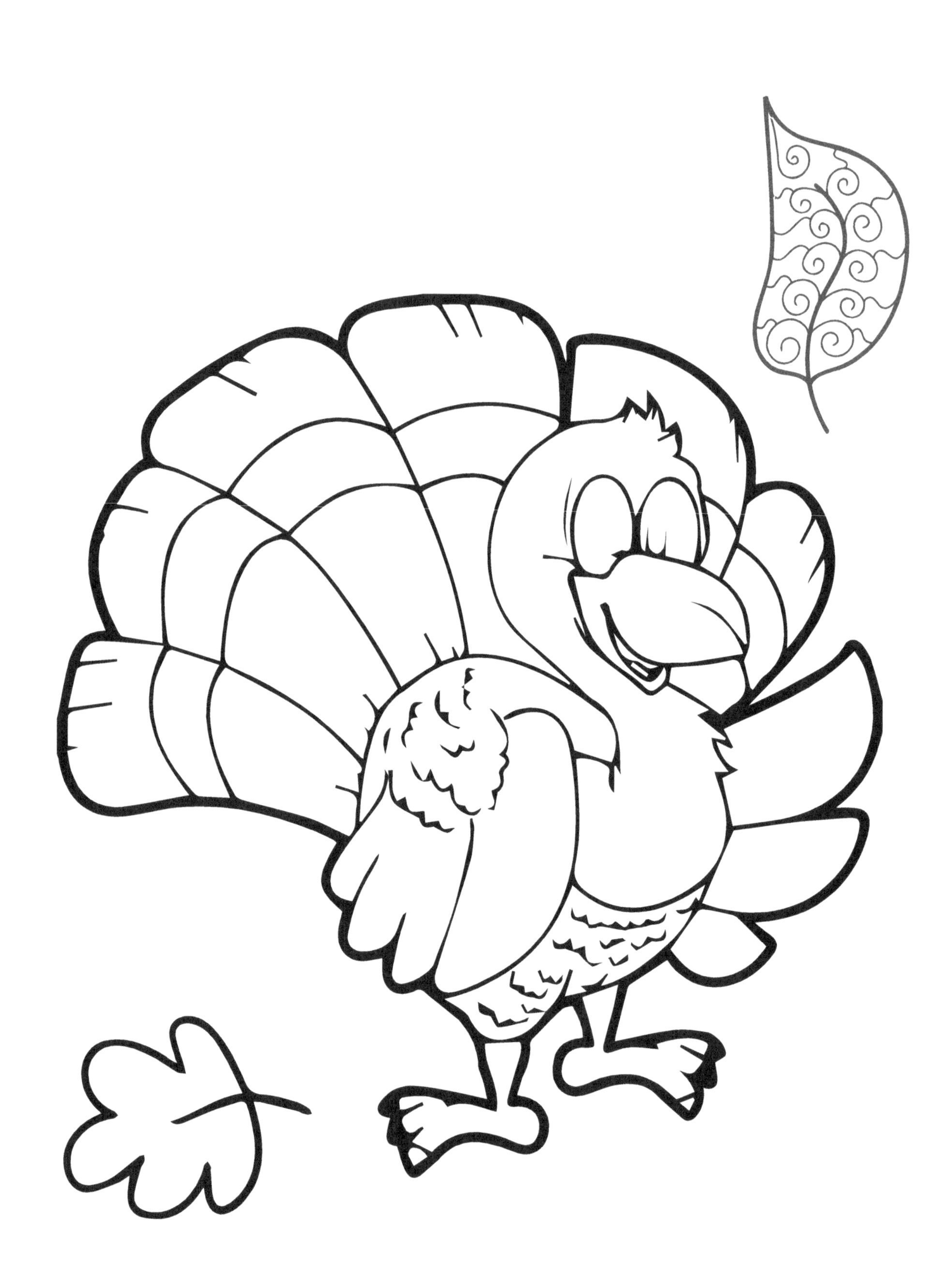

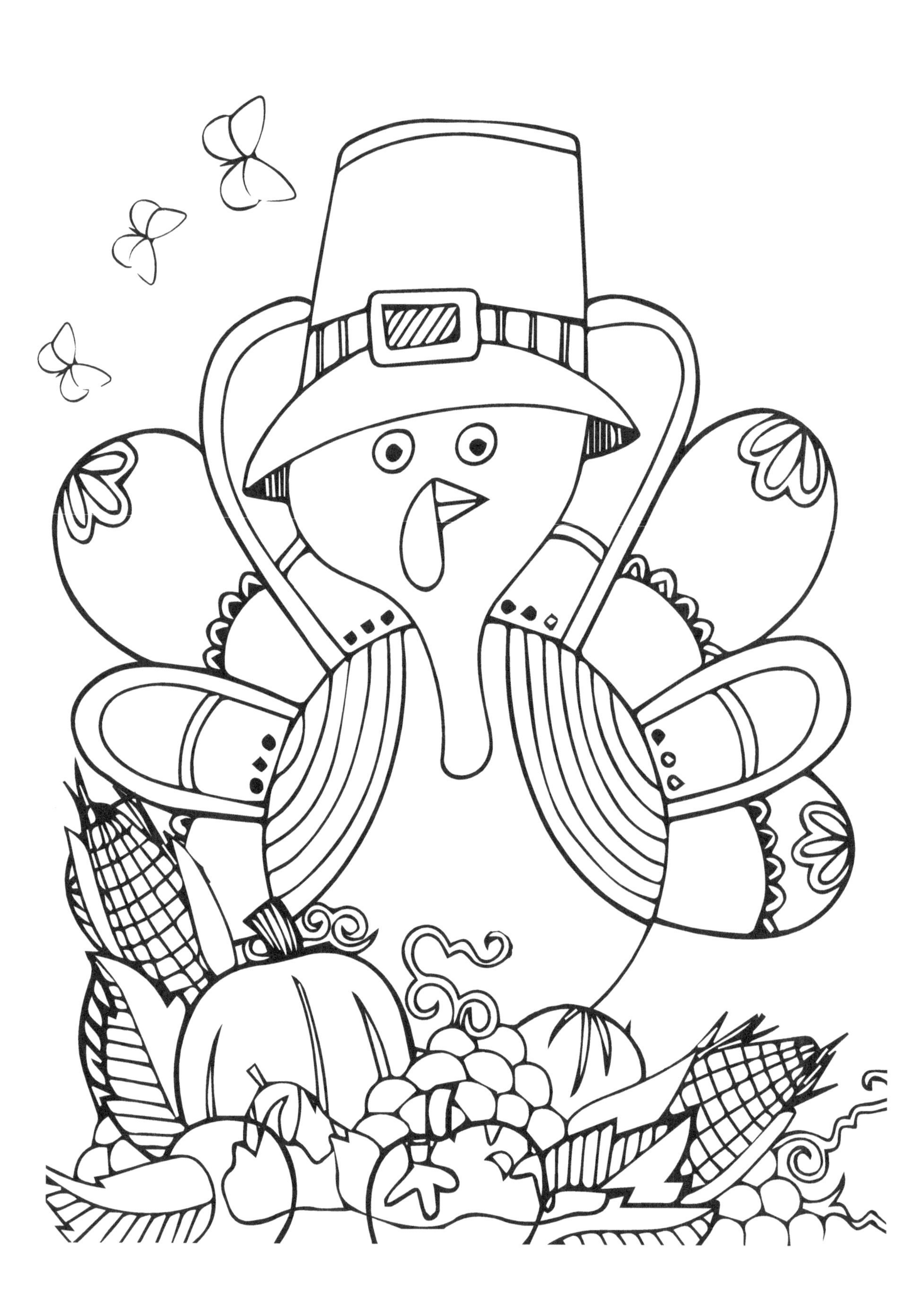

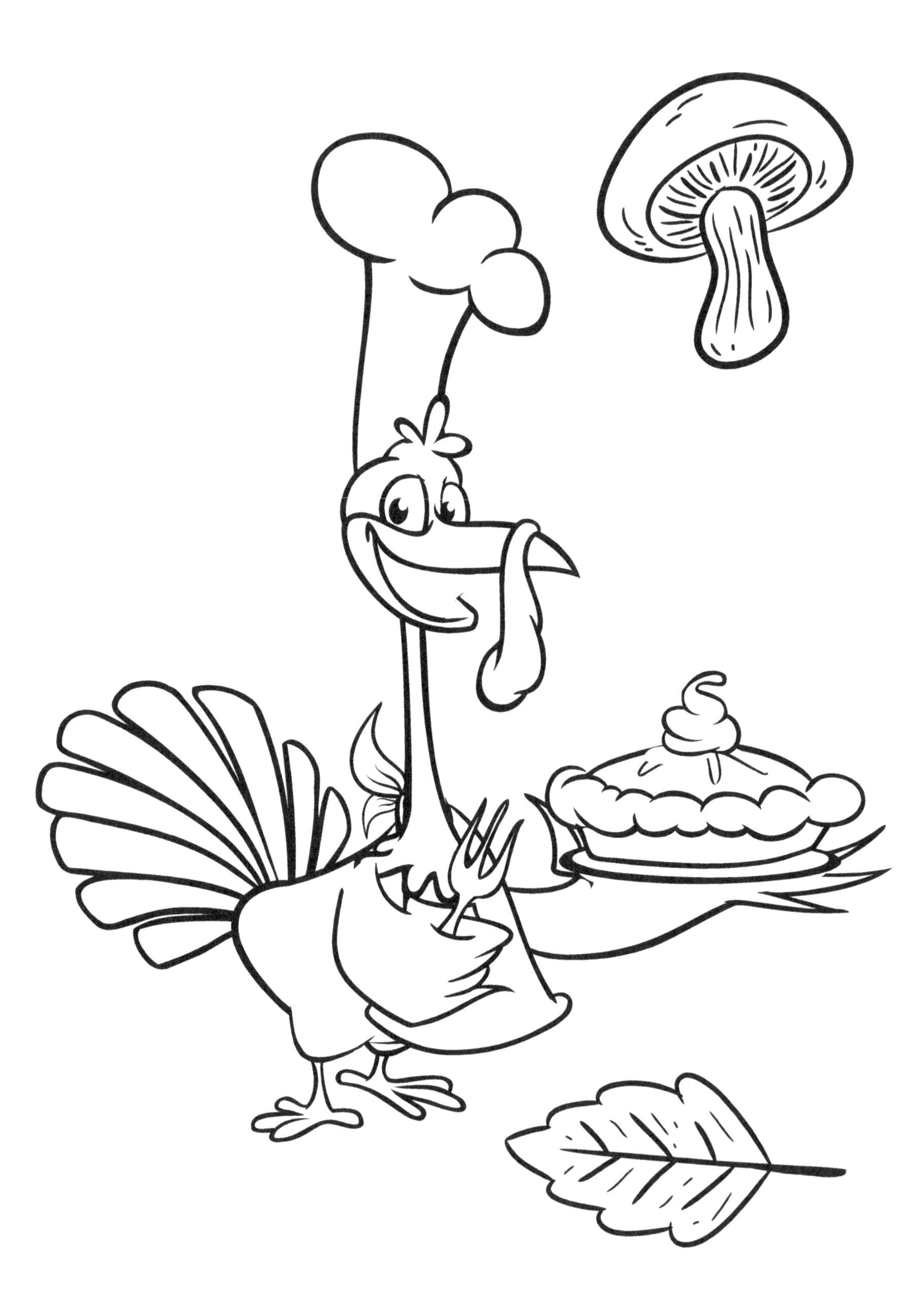

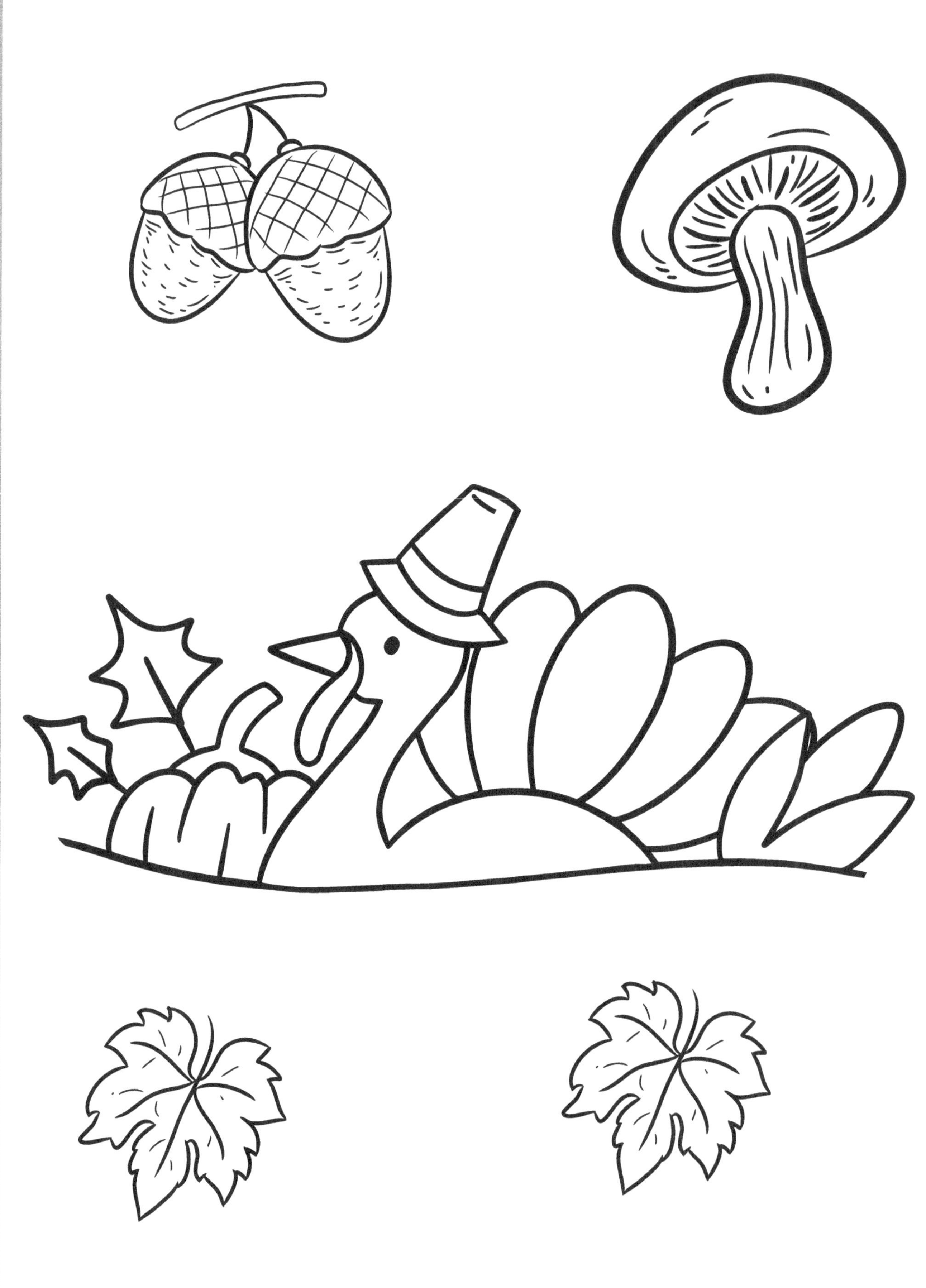

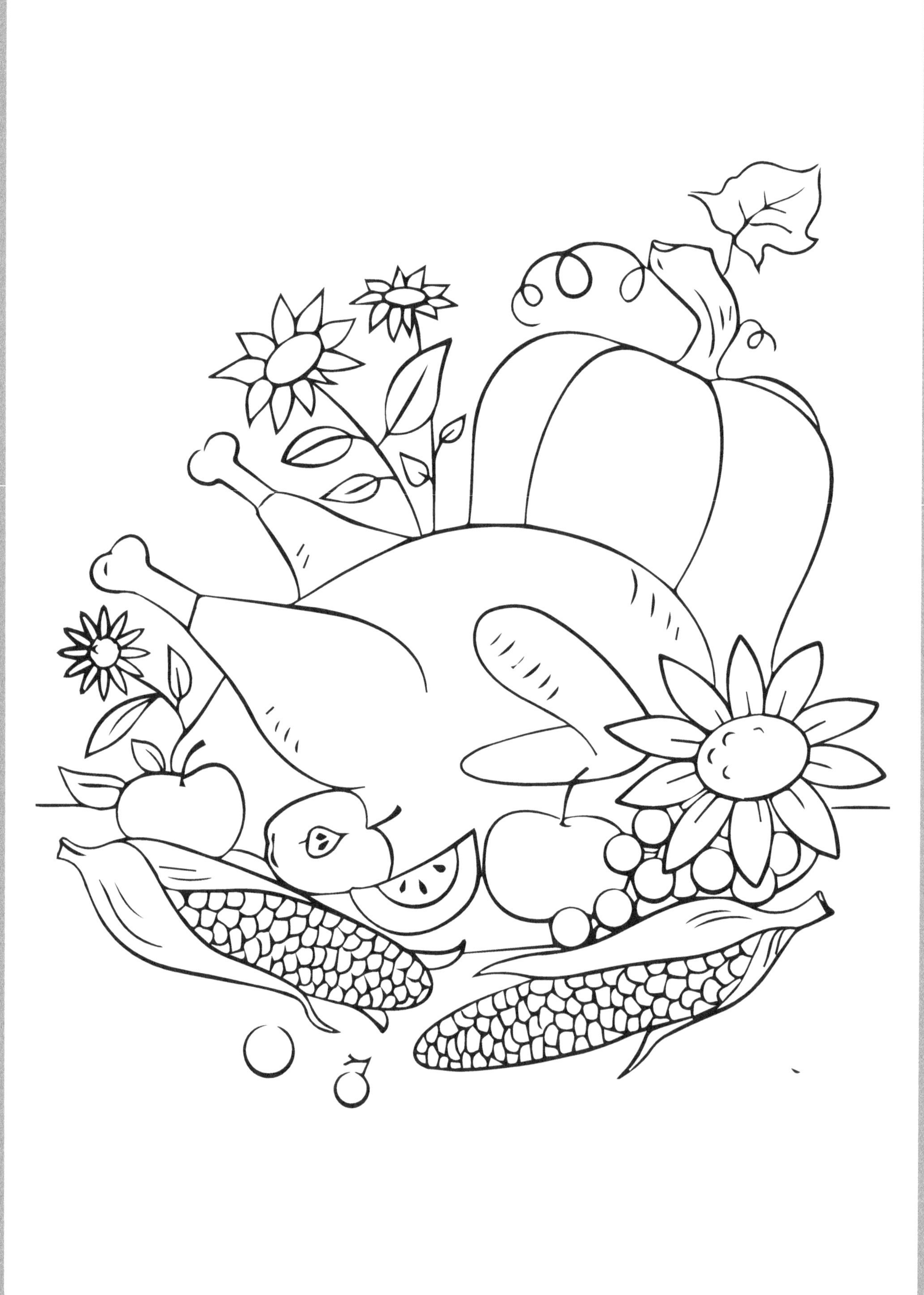

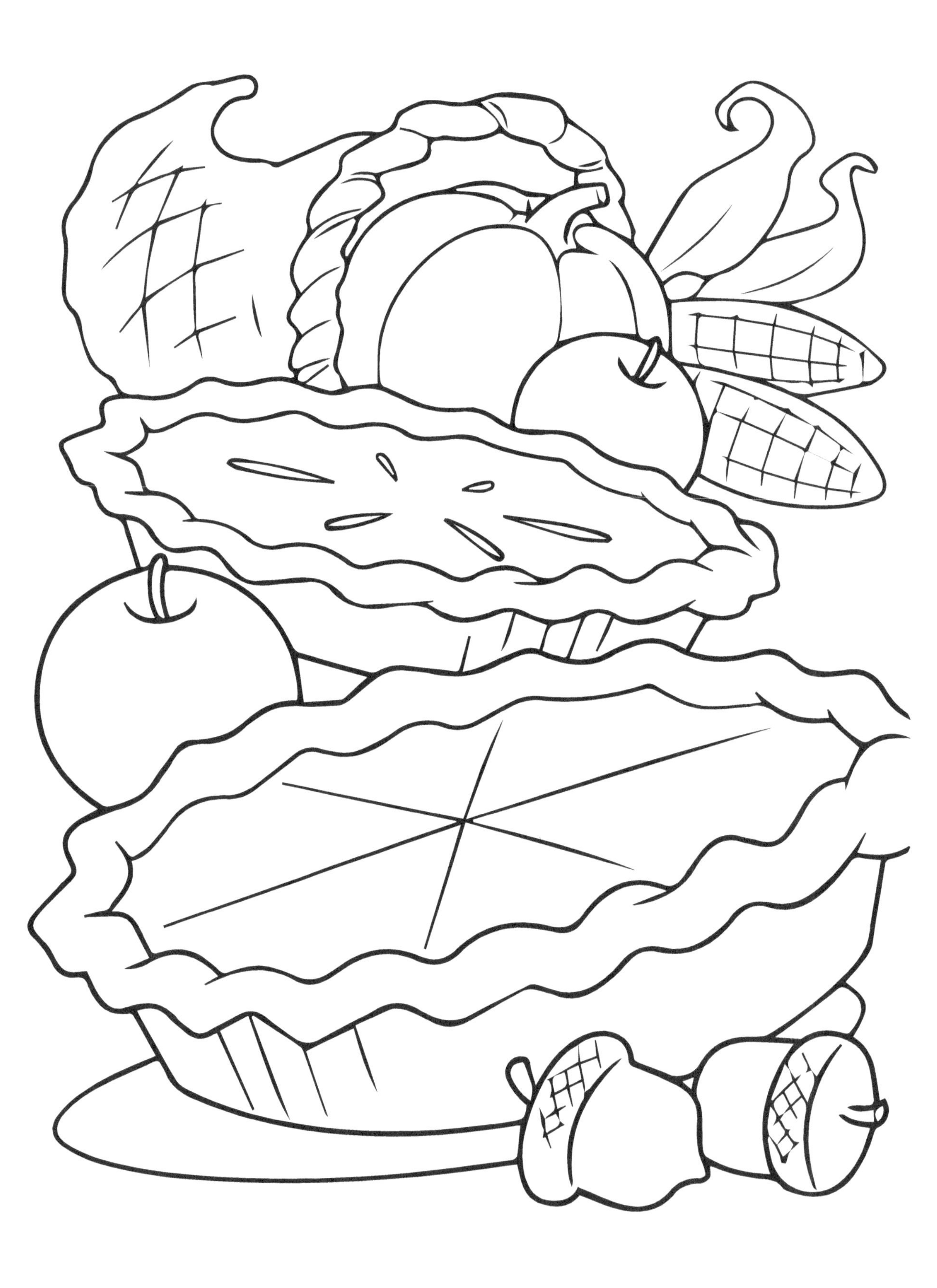

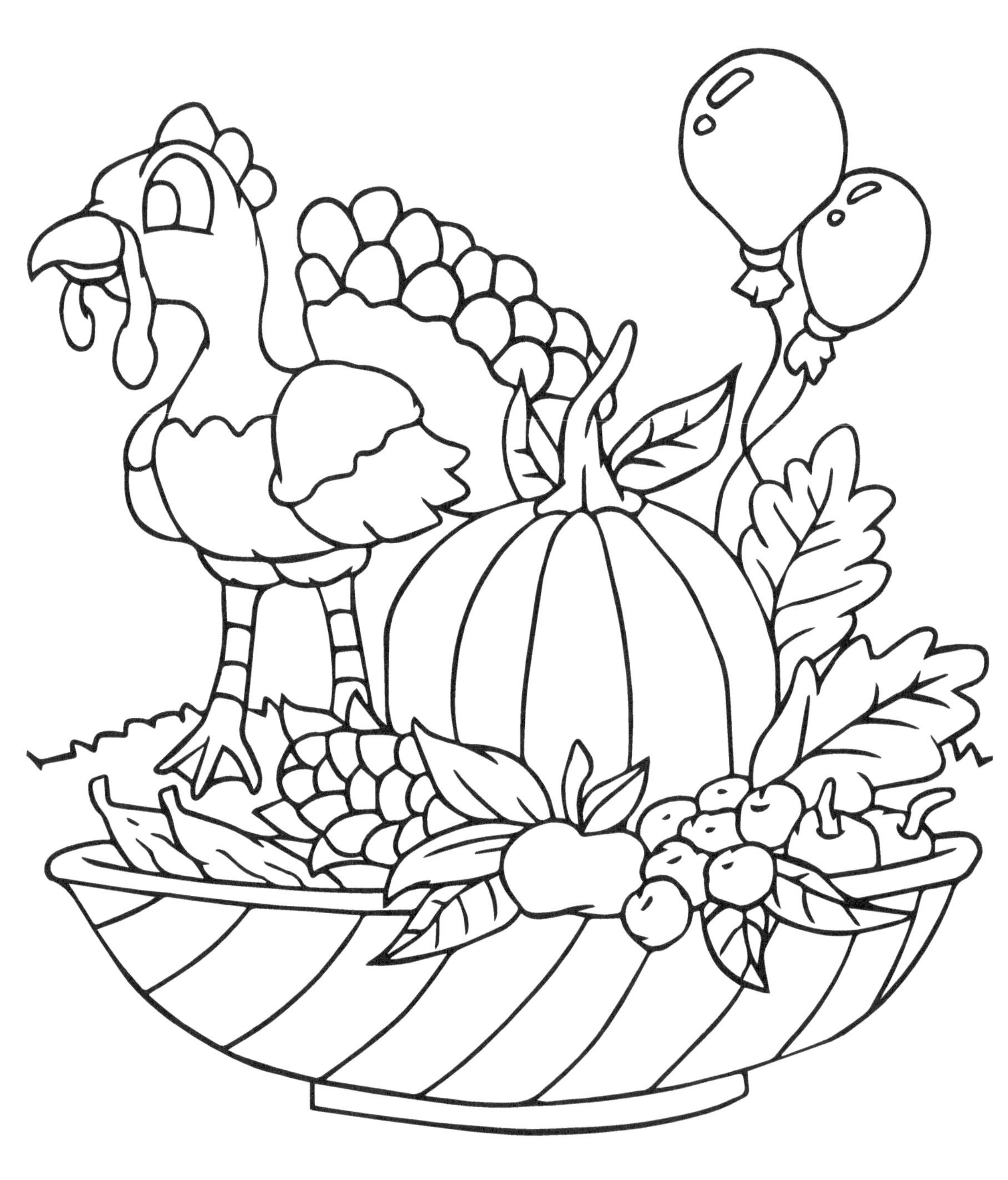

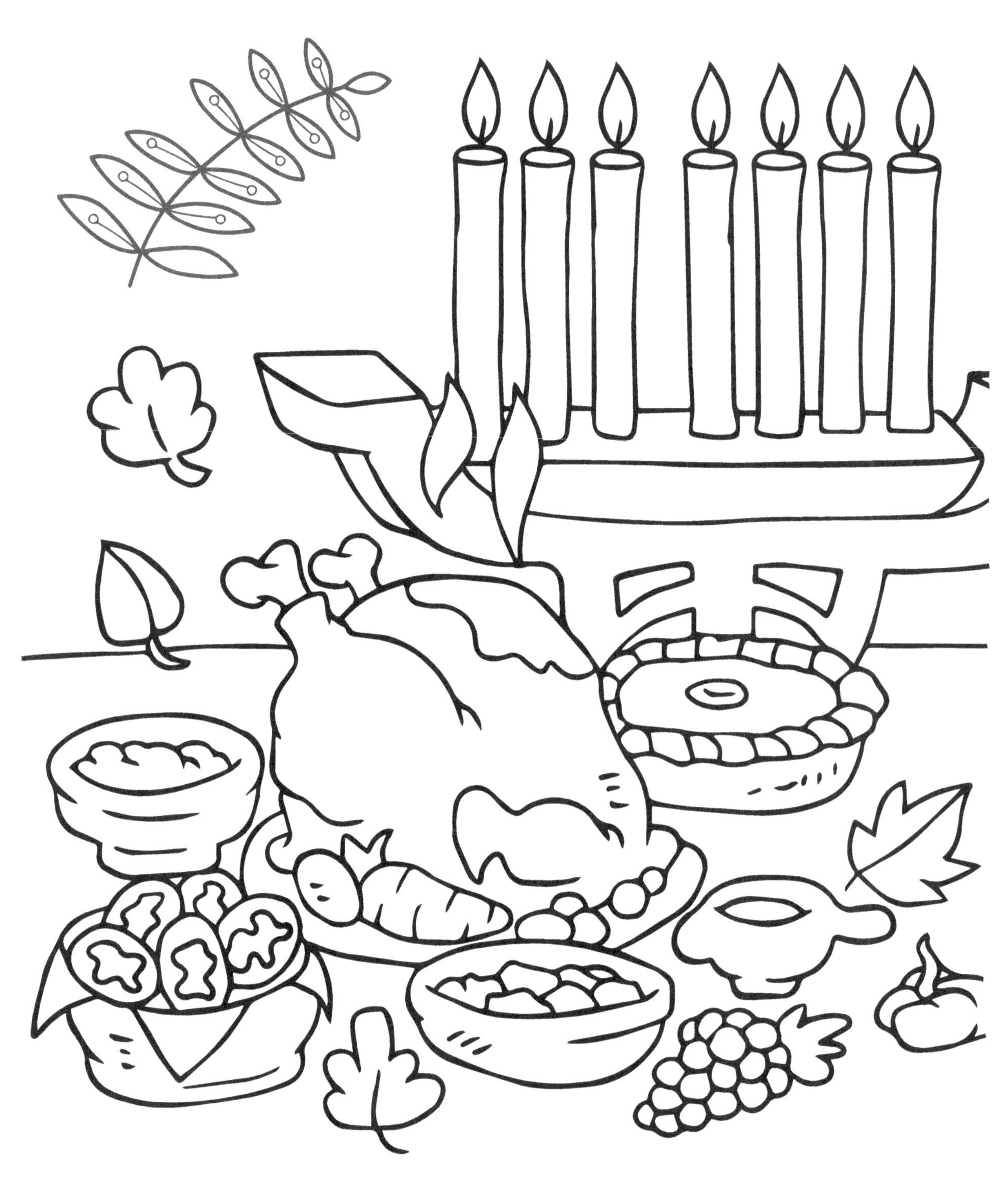

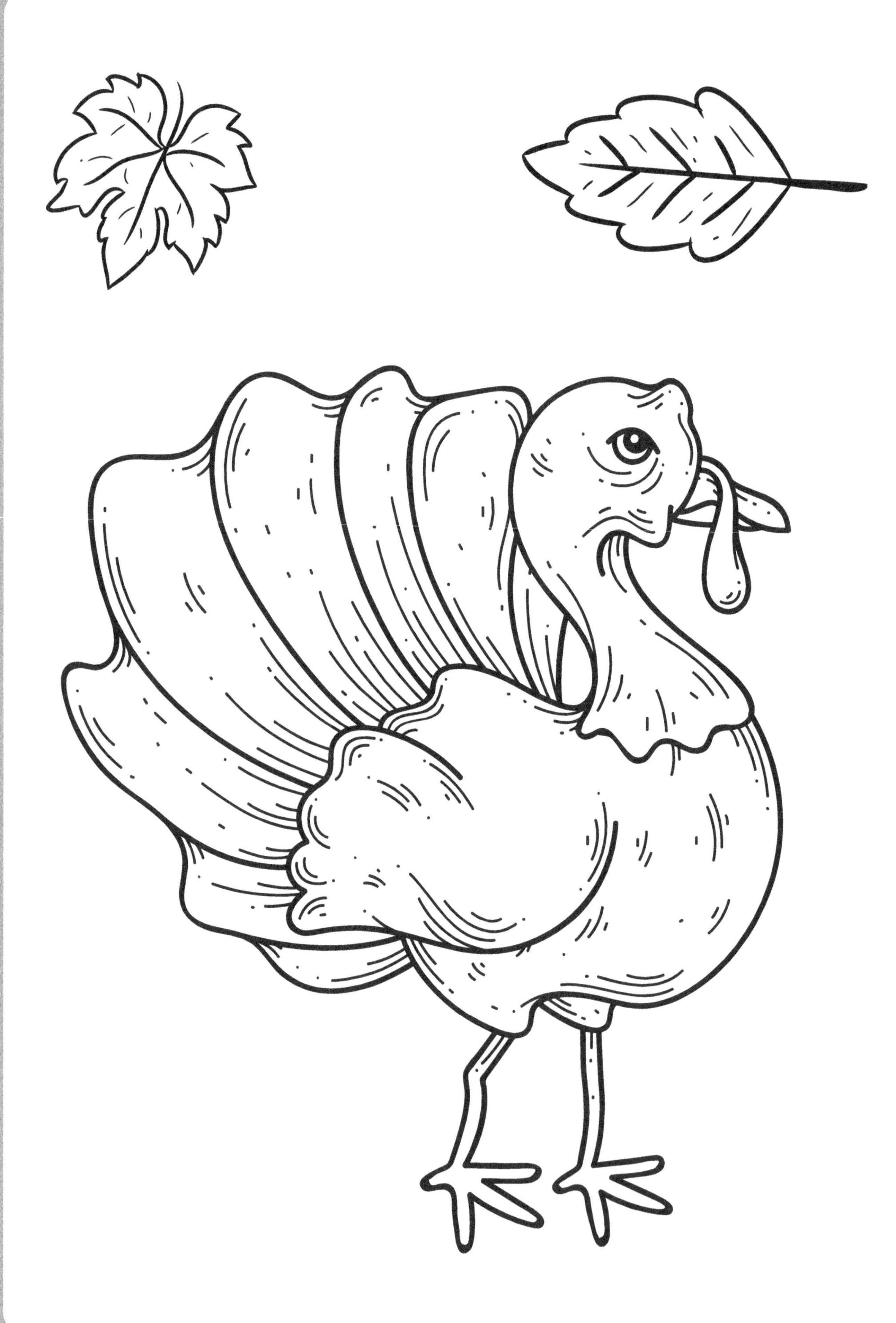

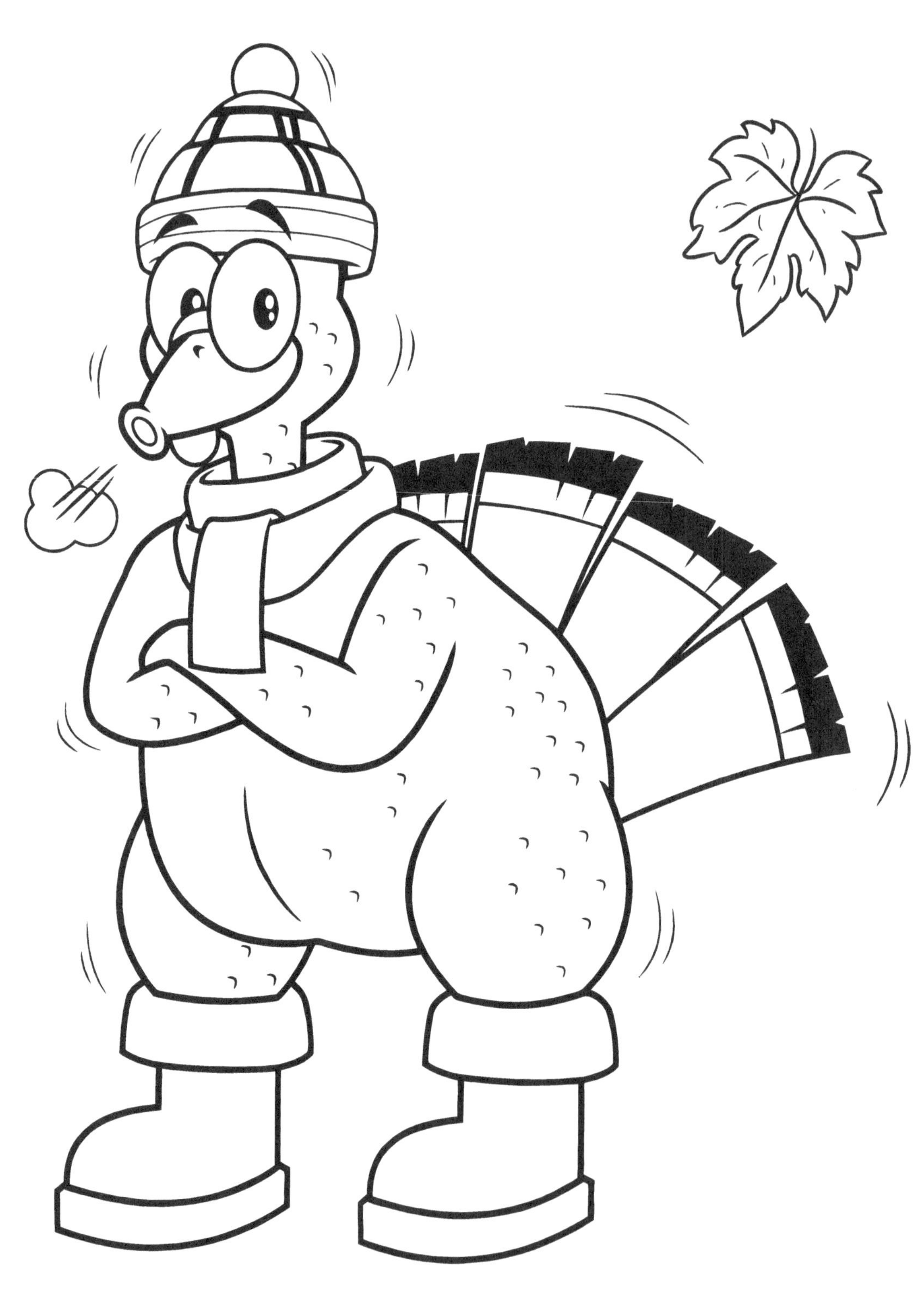

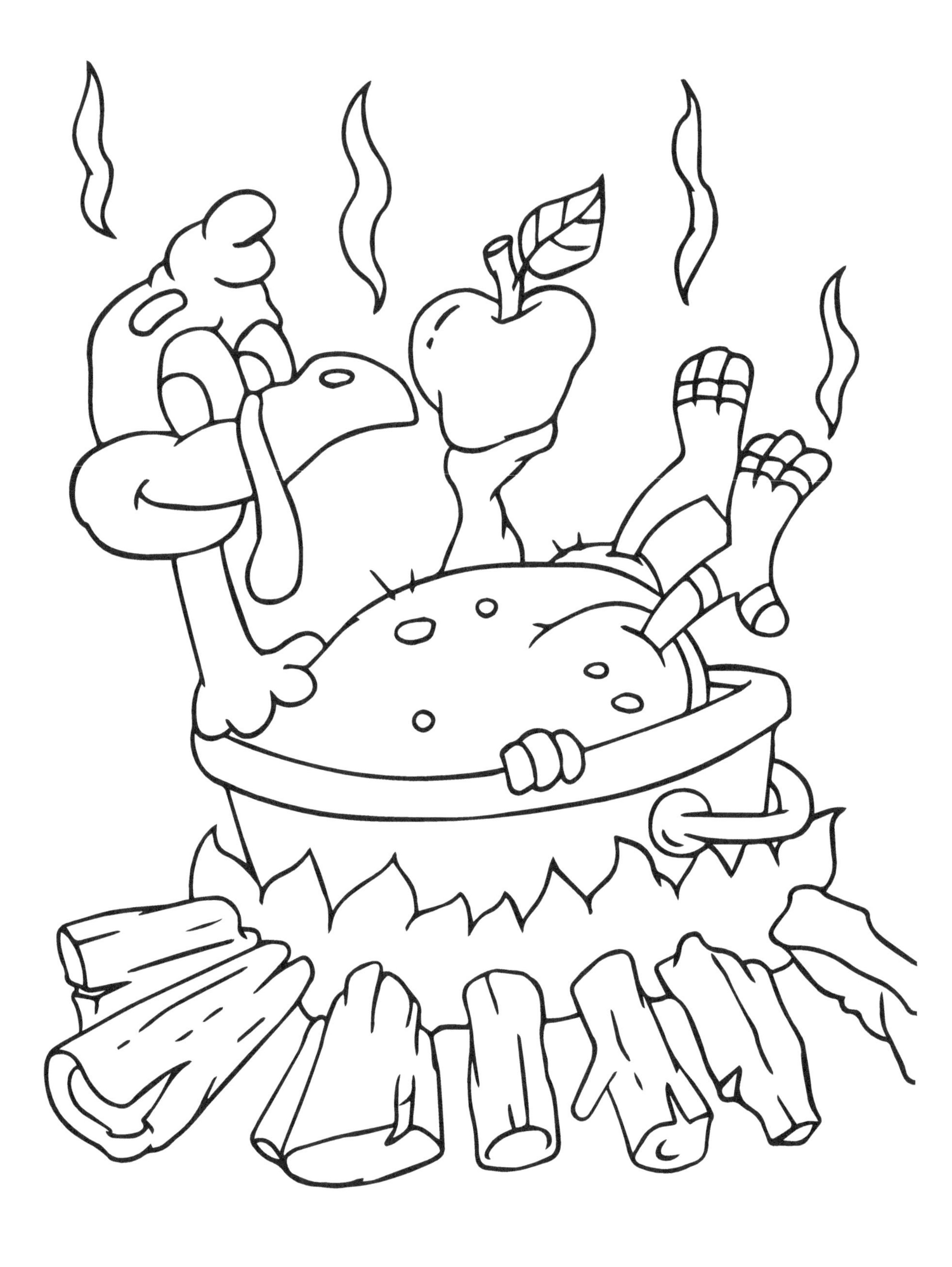

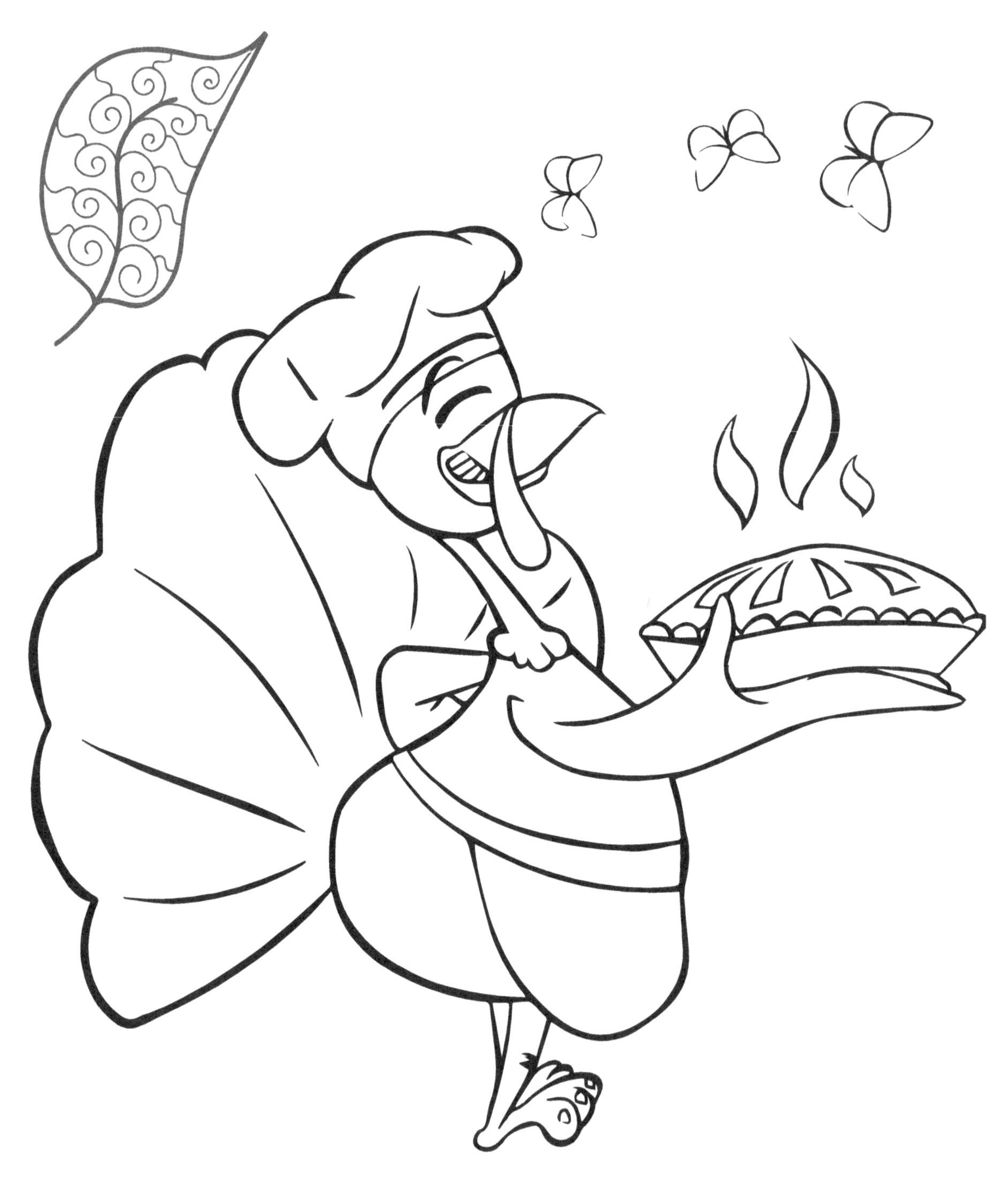

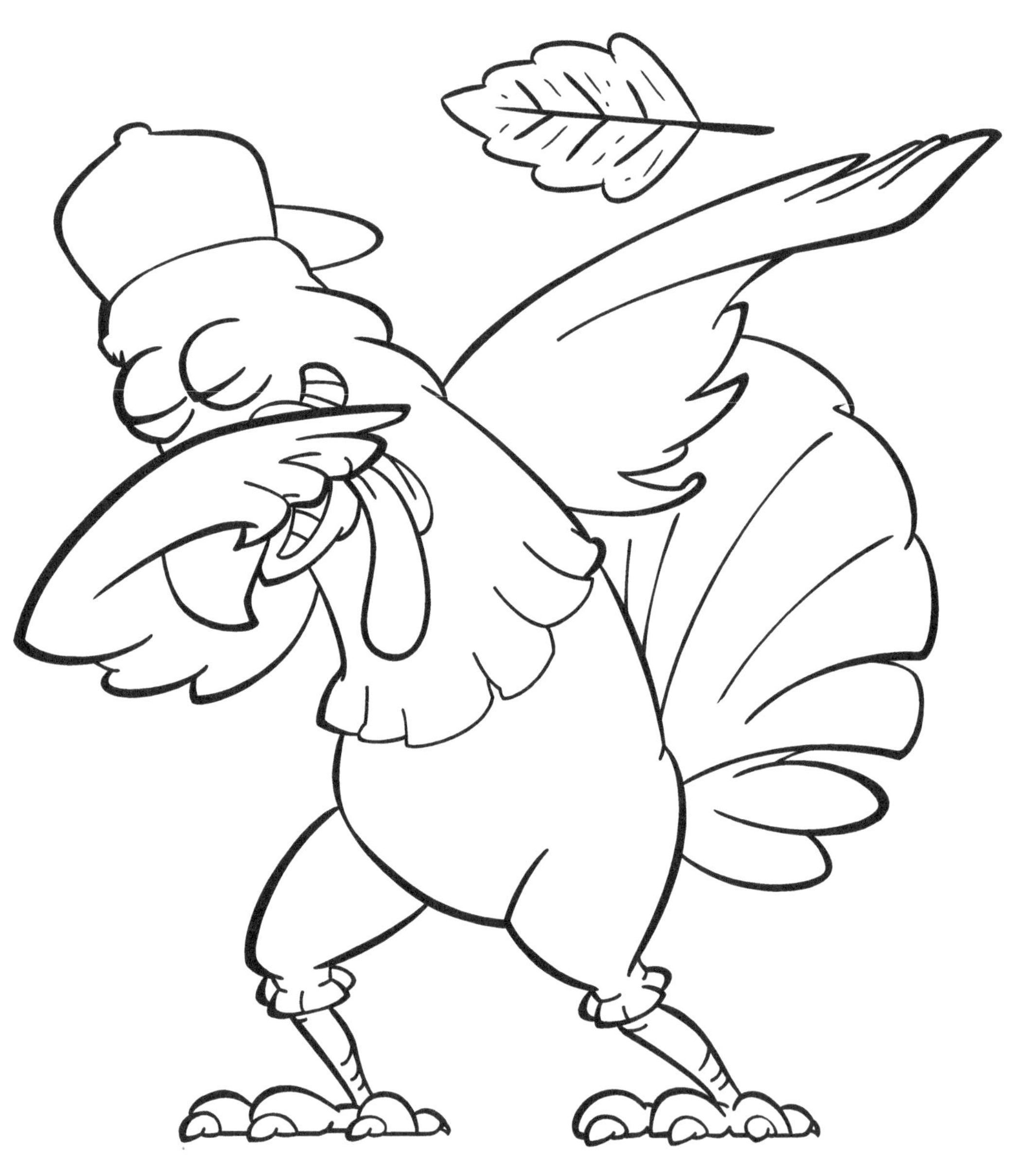

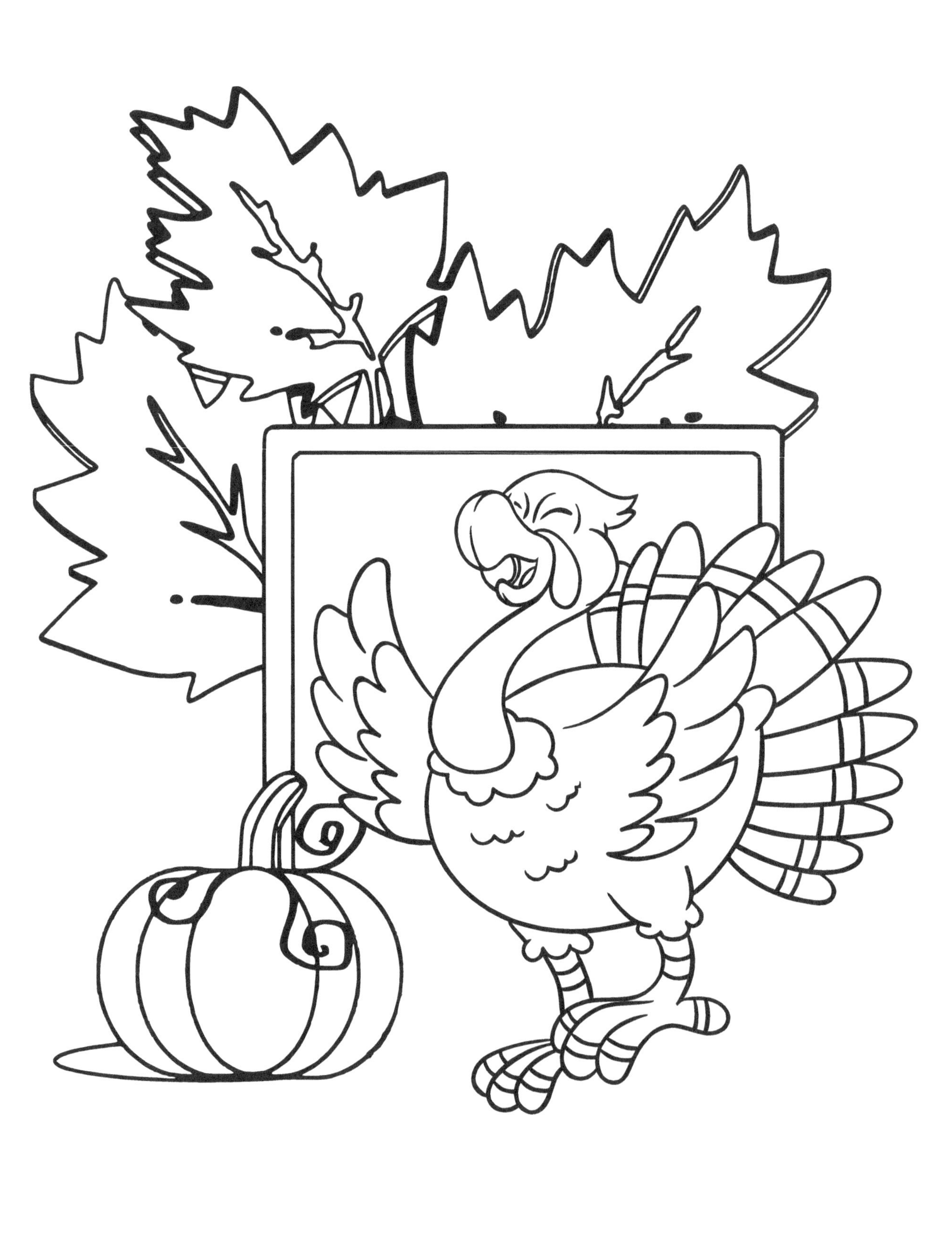

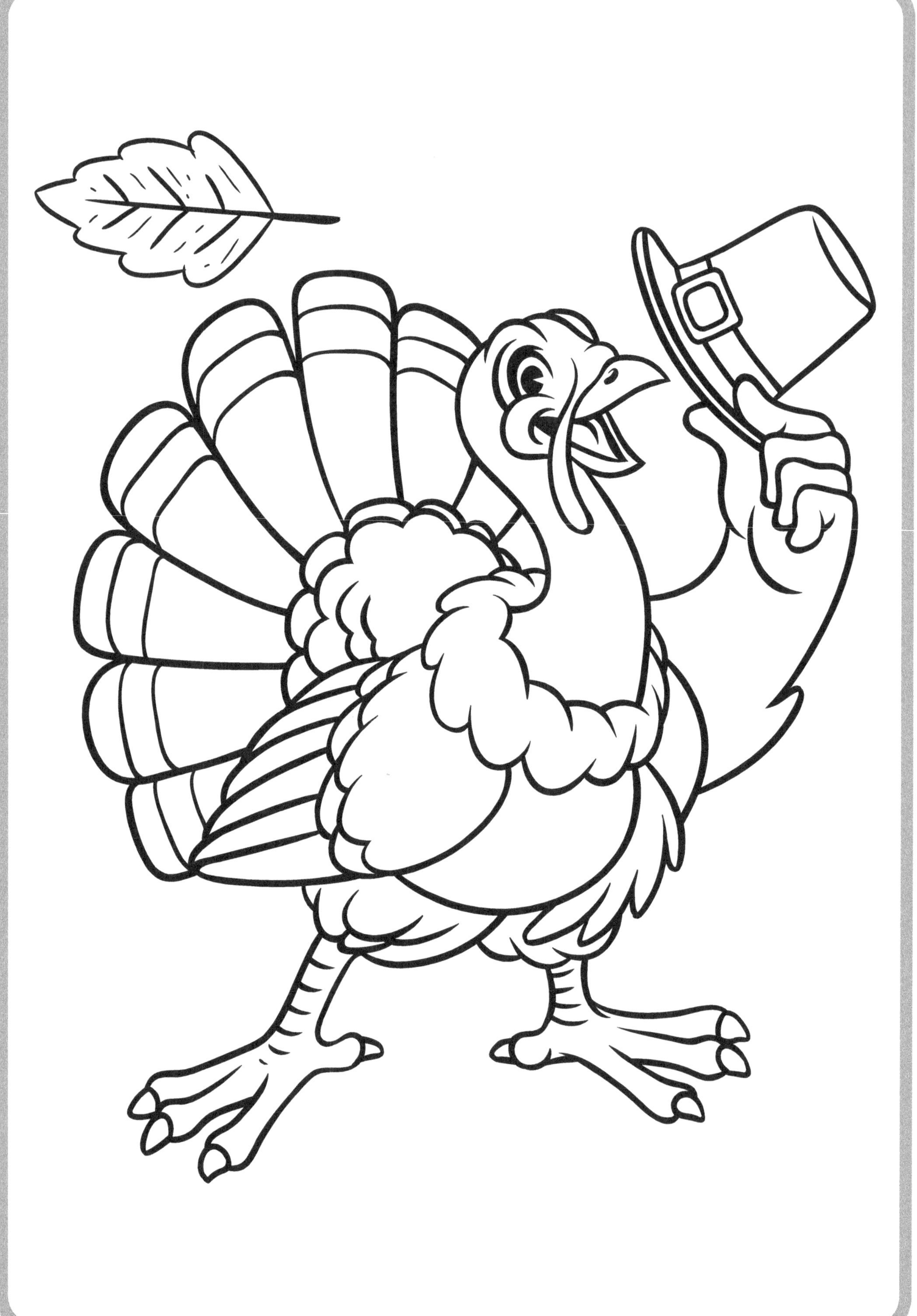

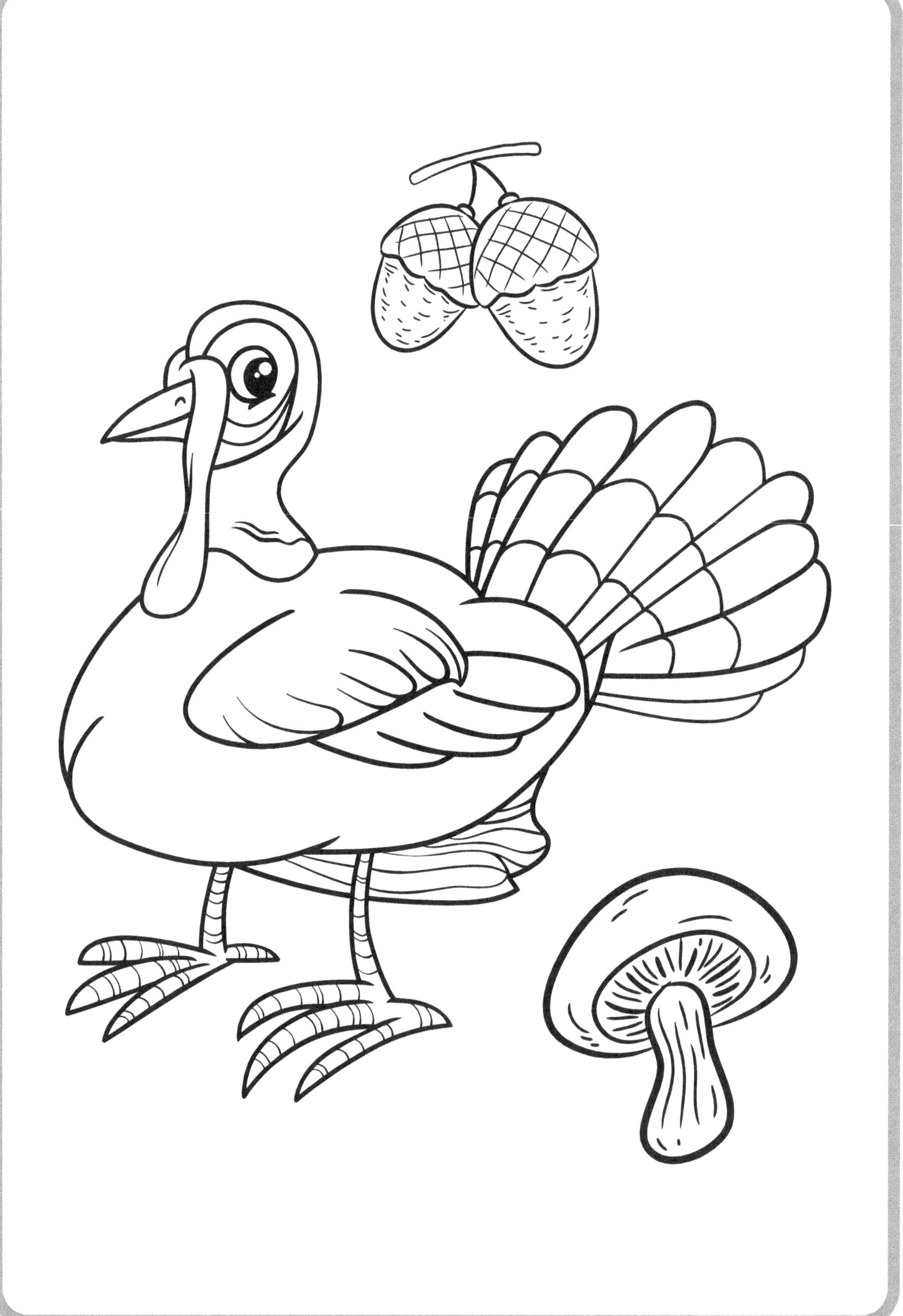

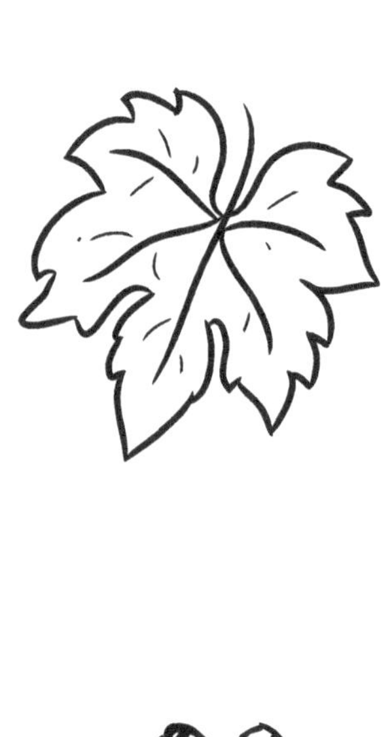
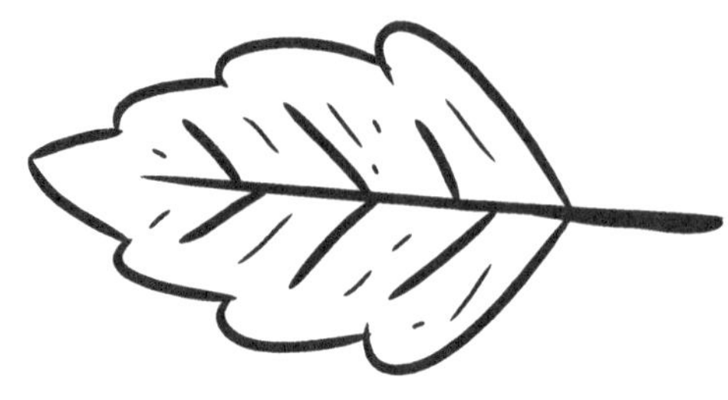
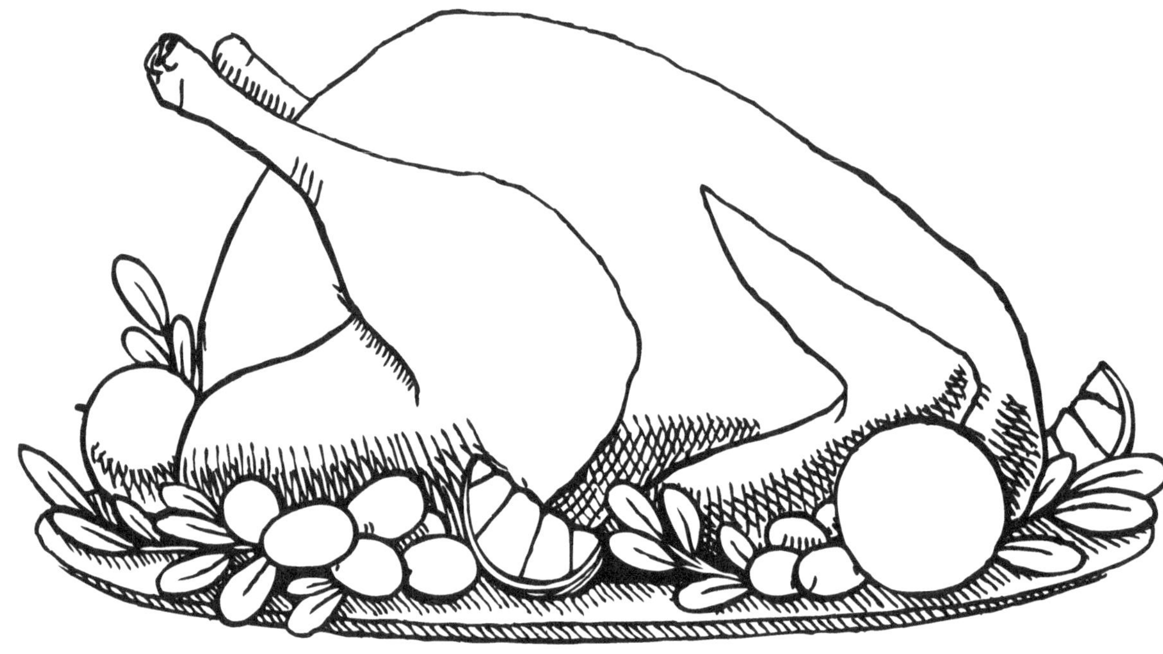
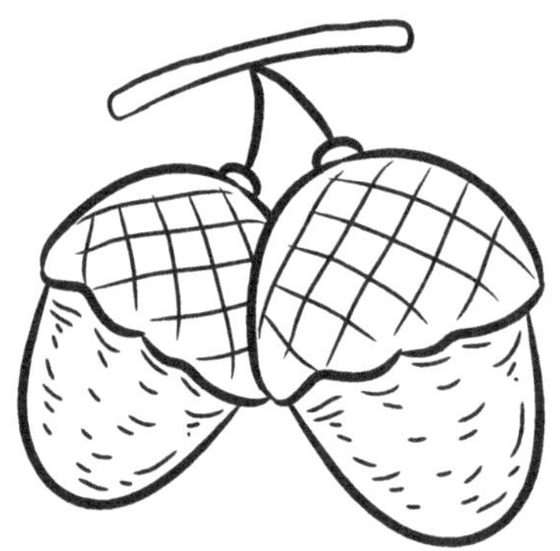
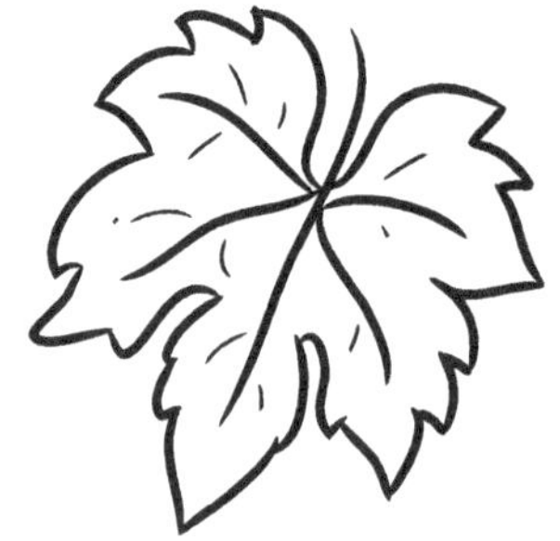

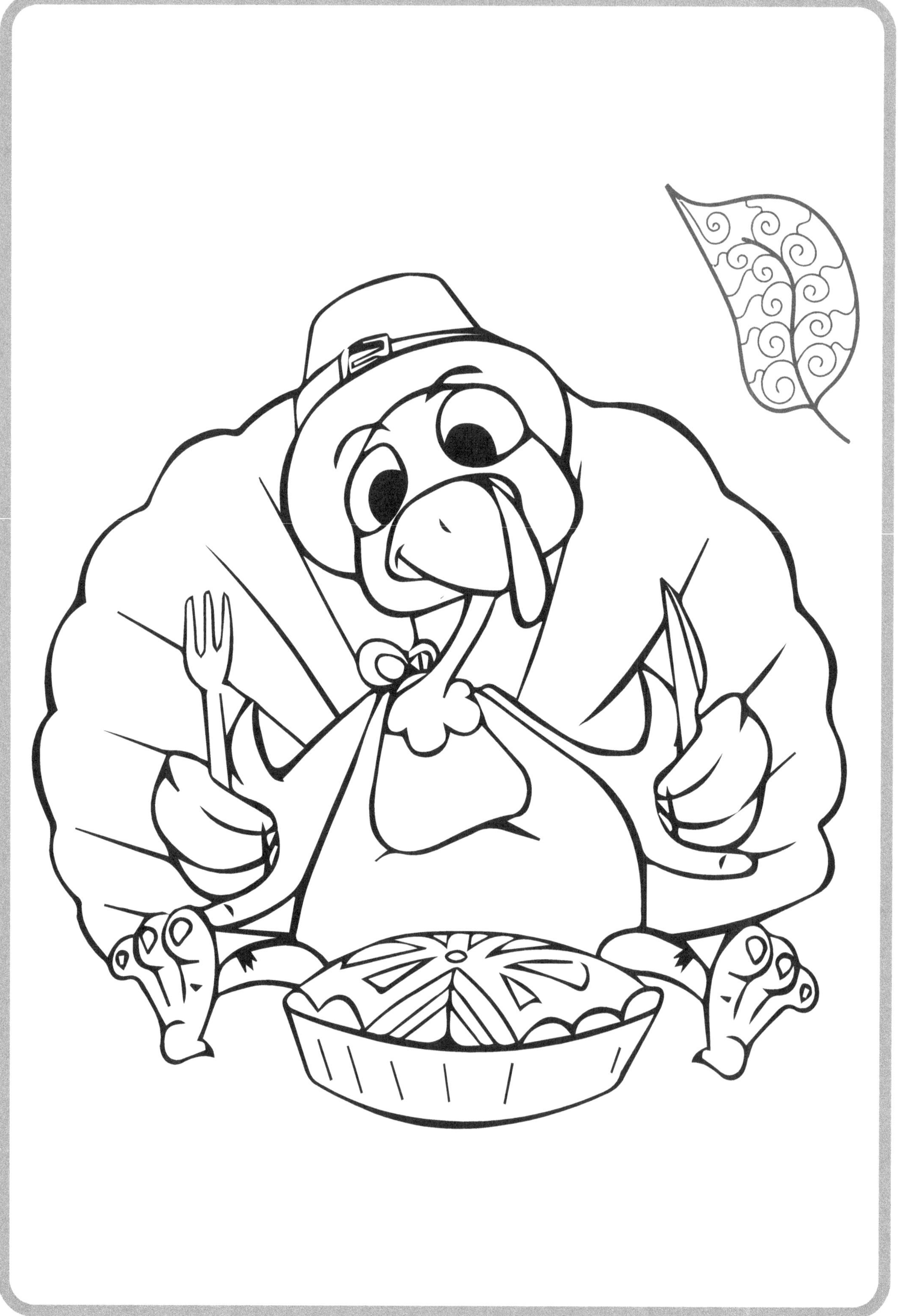

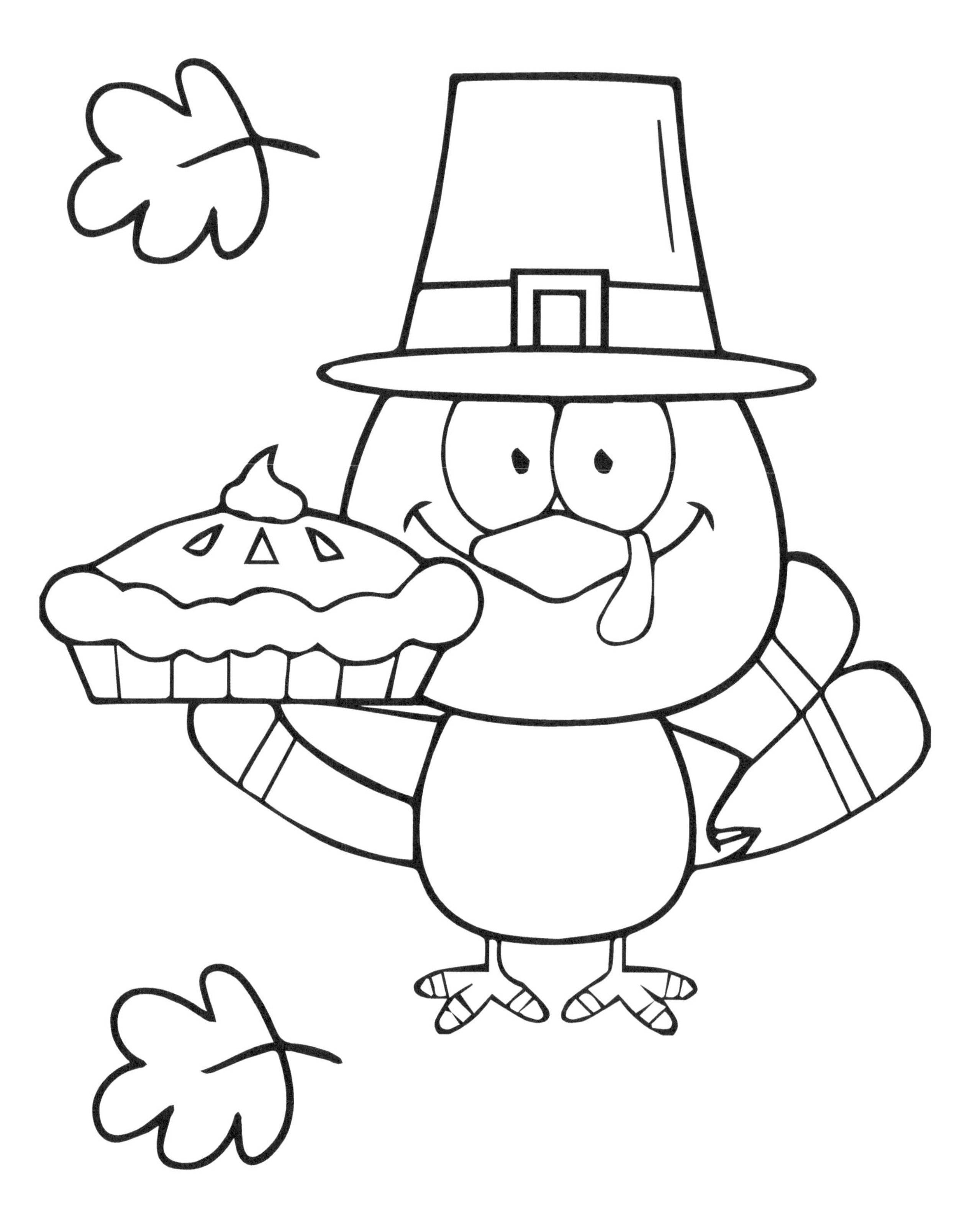

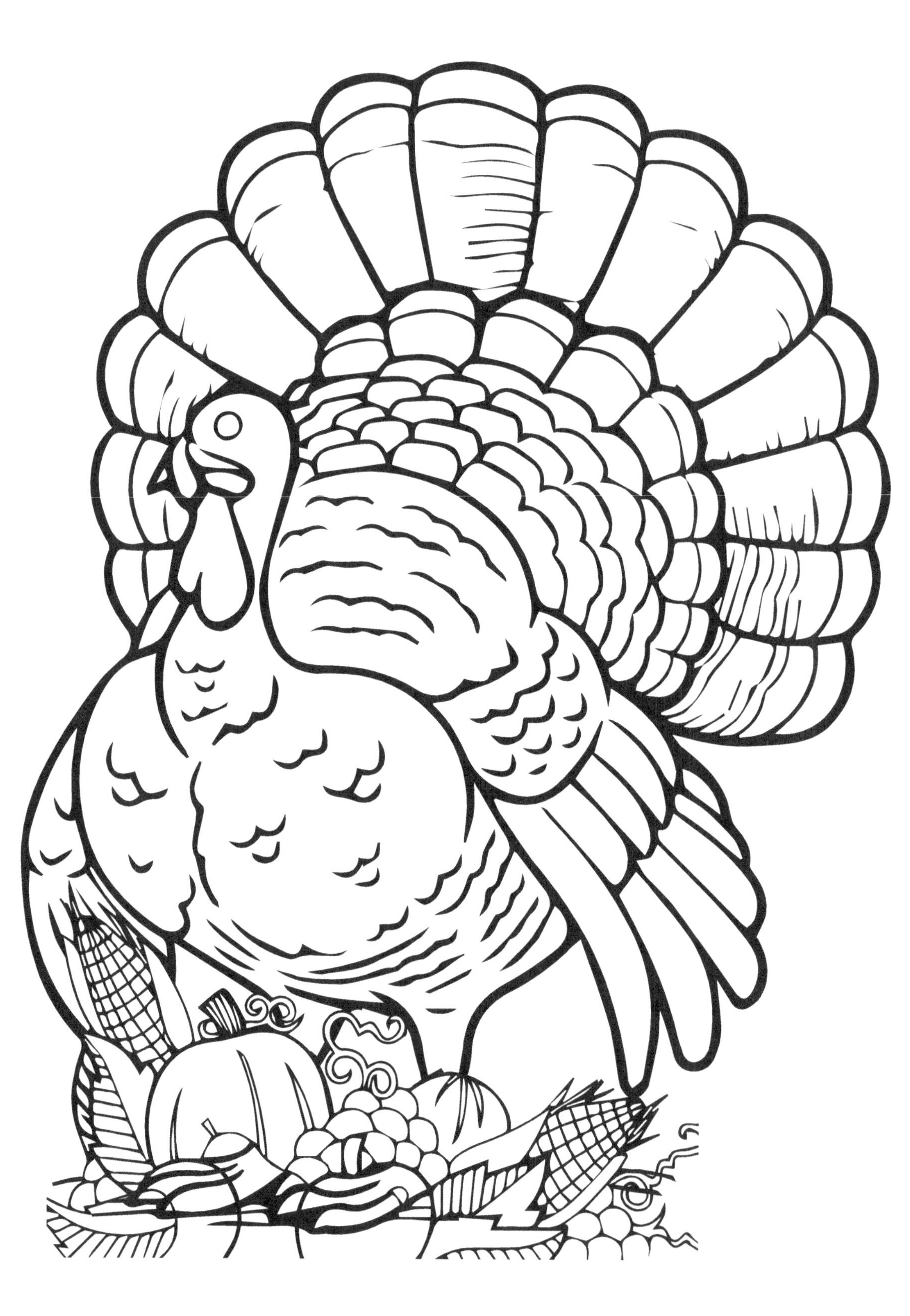

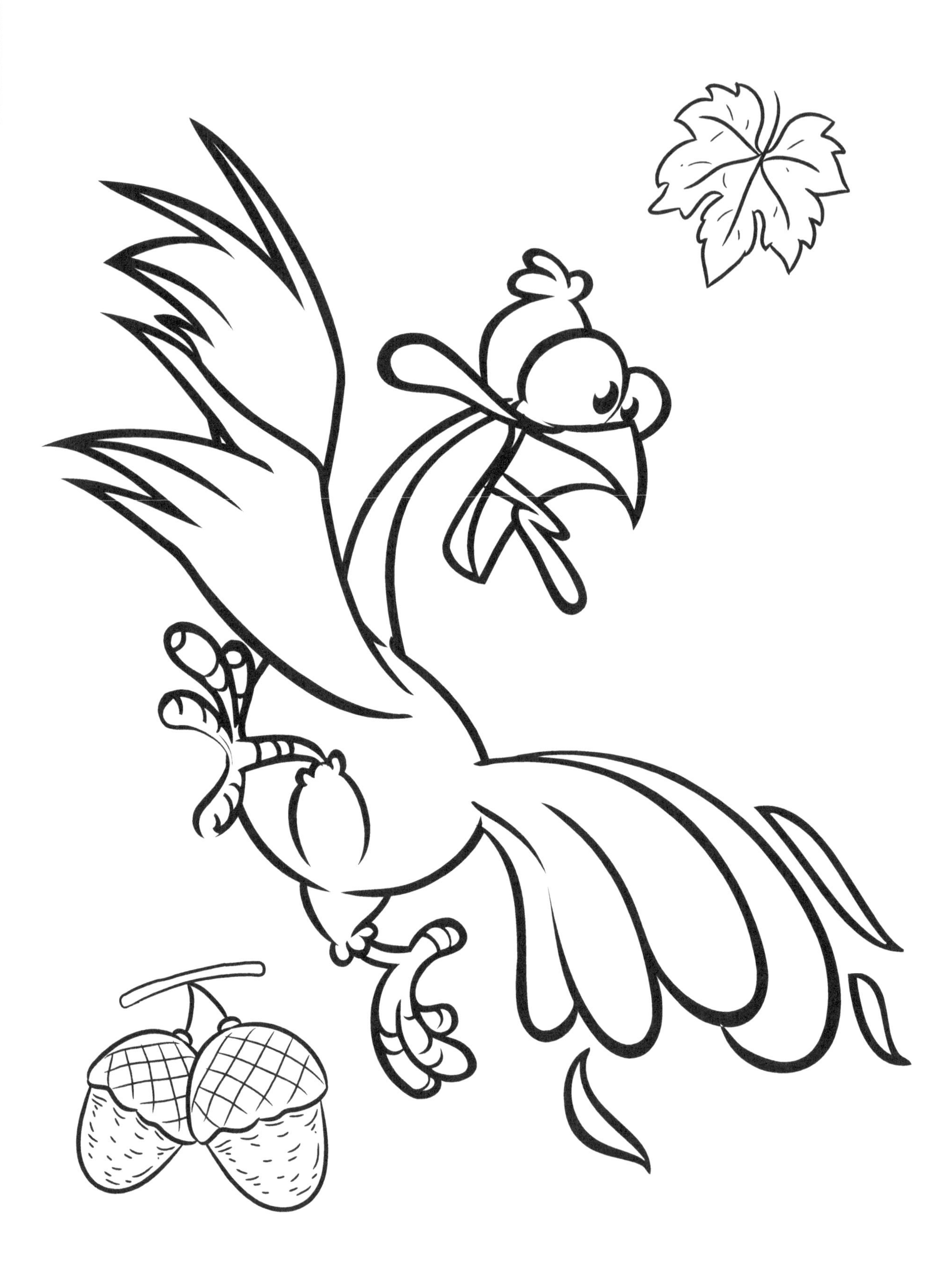

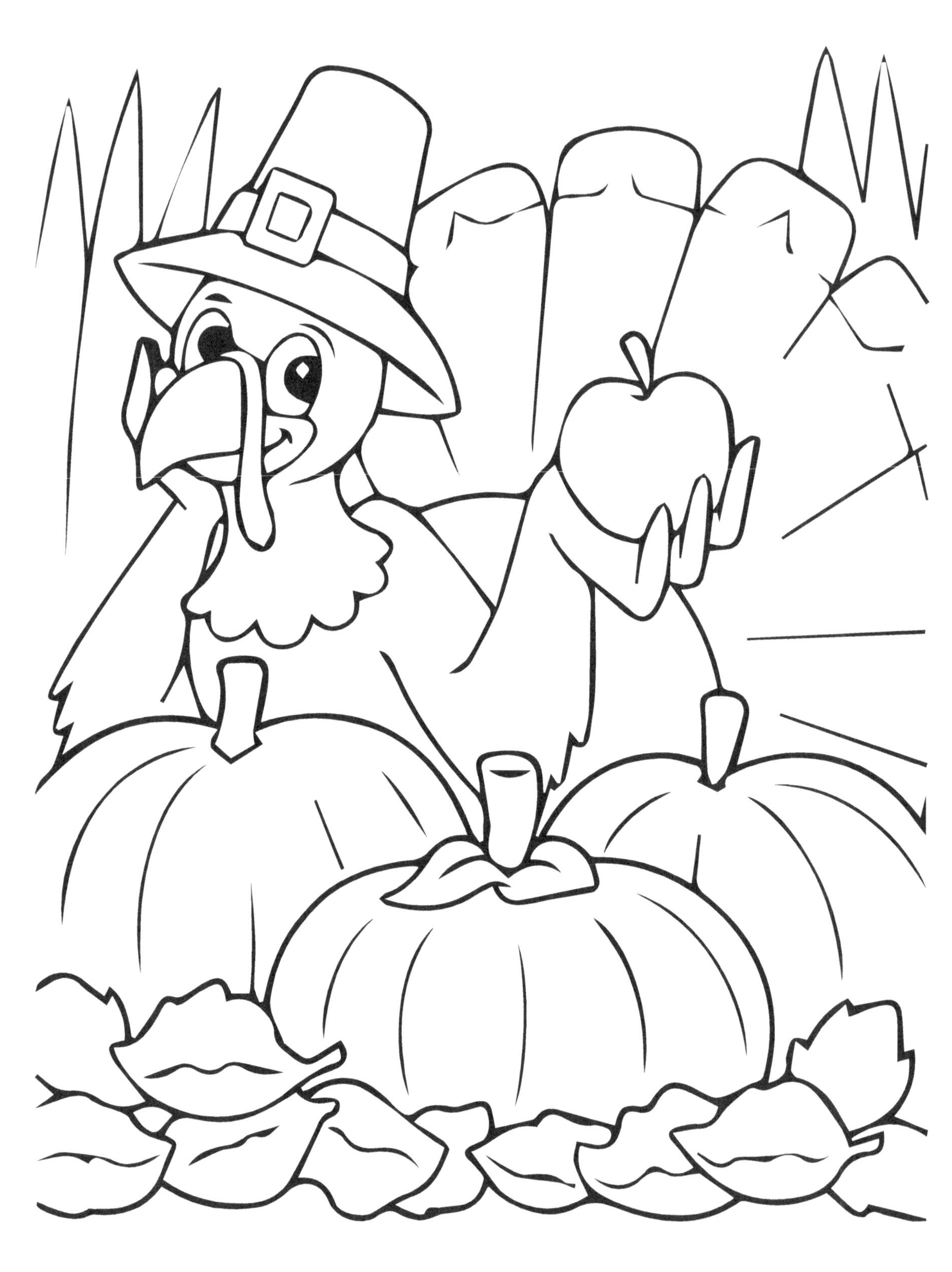